빛깔있는 책들 203-21

수상학

글, 사진/조성우

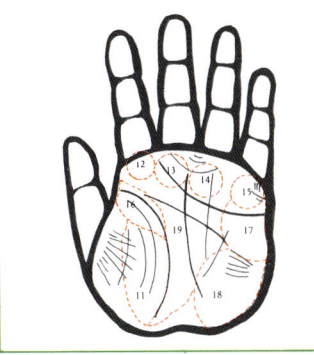

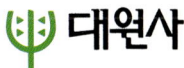 대원사

조성우(曺誠佑) ─────

경북 상주 태생으로 한국역리인협회
(韓國易理人協會) 부회장을 지냈다.
일간스포츠(1972~86) 등 여러 신문
과 잡지에 운세 담당을 맡은 바 있으
며, 1988년 미국 캘리포니아 뱁너이
스국제대학에서 철학박사 학위를
취득하였다. 현재 삼공명리철학원
(三空命理哲學院) 원장(1956~)으로
있다. 저서로는「관상대전」「상법전
서」「수상대전」「현대사주추명학」
「역리원리」「역학원리와 명리강의」
등 20여 권이 있다.

※ 저자 연락처/전화 735-7908

수상학

수상학이란 무엇인가	6
과학 시대와 현대인의 수상	8
동서양의 수상술 발달	13
수상을 보는 법	17
손바닥의 아홉 언덕	66
손바닥과 선의 연구	77
수상의 실례	91
맺음말	114
찾아 보기	116

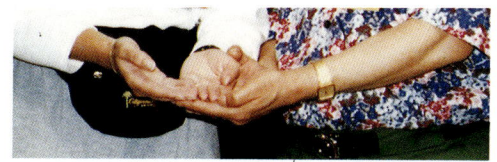

수상학

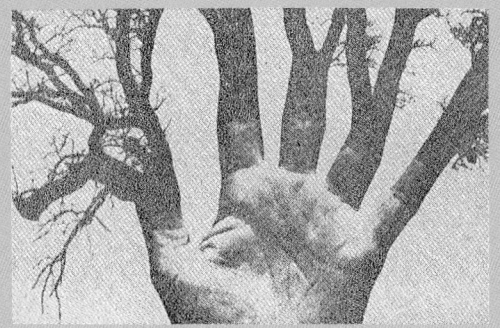

수상학이란 무엇인가

수상(手相)이란 낱말 자체를 우리말 사전 속에서는 찾아보기가 어렵다. 그러나 영어 사전에서는 수상술(手相術;palmistry 또는 chiromancy)이란 낱말을 쉽게 찾을 수가 있다. 수상이란 손의 모양을 말하는 것이며 수상술이란 손금과 손 모양에 따라 여러 가지 유형을 세분화하여 기술적으로 풀이하는 것을 말한다. 다시 말해서 수상술은 손 모양과 손금에 대한 여러 가지 작용을 연구하는 분야이다.

손 모양과 손금은 과연 우리에게 어떠한 영향을 주는 것일까 아니면 무관한 것일까. 손은 우리 몸에서 어떠한 구실을 하고 있으며 우리의 생명과는 어떠한 관계가 있는 것일까?

조류들은 양쪽 날개가 손의 구실을 하며 네 발 달린 동물들은 앞다리가, 식물들은 그 가지가 손의 역할을 하고 있다는 사실을 알고 넘어가야겠다. 또 수상이란 단순히 손금을 가리키는 것으로 그치는 게 아니라 손의 모양, 골격의 형성, 피부의 형태, 손가락의 형태 등 그 사람의 체격과 비교하여 다각도로 연구 분석하여 건강과 수명뿐만 아니라 직업, 적성 및 성격 등 다양하게 분석할 수 있어 심층적으로 연구 가치가 높은 분야인 것만은 틀림없는 사실이다.

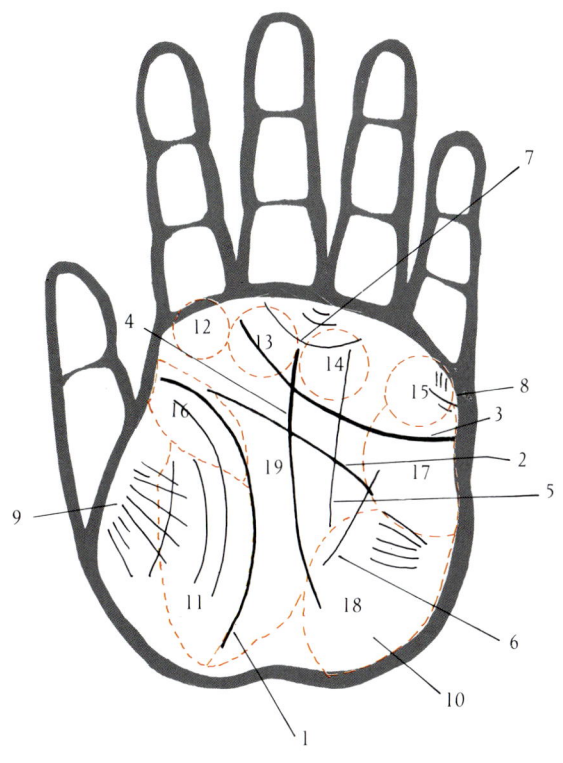

수상의 주요 부분 명칭

1 생명선	11 금성구
2 두뇌선	12 목성구
3 감정선	13 토성구
4 운명선	14 태양구
5 제2운명선	15 수성구
6 제2생명선	16 제1화성구
7 제2감정선	17 제2화성구
8 결혼선	18 월구
9 제1영향선	19 중앙 평원
10 제2영향선	

　어떤 사람과 악수를 했을 때 그 손의 힘이 강, 중, 약으로 구분되며 감촉 작용도 다양하게 나타나는 것이 사실이다. 나무에 있어서도 나무에 따라 가지 모양과 빛깔이 다른 것을 보고 그 나무의 영양 상태와 수명 상태 그리고 질병이나 건강 상태를 식별할 수 있는 것과 같은 이치이다. 손은 반드시 팔의 세력과도 유관한 것이다. 곧 팔의 힘이 센 사람은 그 세력도 강하게 되며, 모든 면에서 비교적 강한 의욕을 갖게 된다.

과학 시대와 현대인의 수상

수상학의 기본 연구

'손의 외과'라는 논문으로 일약 유명해졌던 미국의 바넬(S. Bunnel) 박사나 영국의 A. 케이스 교수가 한결같이 주장하고 있는 공통점은 손금은 손가락의 움직임 곧 손의 운동에 의해서 그 변화 작용이 크다는 주장이다. 백만인의 손금이 한결같지가 않다는 것은 과연 무엇을 말해 주는 것일까?

오늘날 첨단 과학 시대라고 자처하는 현실 속에서도 손금의 변화 작용에 따른 뚜렷한 규정을 찾지 못한 채 지문(脂紋) 채취를 이용하여 고작 범죄 식별이나 하고 있는 실정이고 보면 손에 대한 연구는 우리들에게 더욱 더 많은 과제를 안겨 주고 있다. 더군다나 한 모태의 일란성 쌍둥이도 그 얼굴이나 모든 면이 식별하기 어려울 정도로 닮은꼴이나 손금만은 유독 다르다니 이 어떠한 조화란 말인가.

대체로 모든 생명체에게는 잠휴기(潛休期), 유년기(幼年期), 성년기(盛年期), 노년기(老年期)로 구분할 수 있다. 지구상에는 수만 종의 식물류를 비롯하여 조류, 어류, 곤충과 미생물에 이르기까지 참으로 천태 만상의 생명체들이 삶과 죽음이라는 불가사의(不可思議)의 필연적인 갈등 속에서 많은 과제들을 아직도 해결하지 못한 채 숙명과 운명의 수레바퀴 속에서 맴돌고 있으니 참으로 안타깝기 그지없다.

우주 과학적 측면에서 한번 조명해 본다면 지구(地球)라는 자체가 너무도 미세하고 초라한 별에 불과하지만 무한한 가능성을 내포하고 있는 우리 인간들의 뇌파 조직은 140억 개가 넘는 컴퓨터 뇌파를 가지고 있어 많은 불가사의를 찾아 내고 만들어 내고 있다. 우리들의 140억 개가 넘는 뇌의 파장은 한결같이 질서 정연하게 배치되어 손끝과 발끝으로 유통하고 있으니 과연 손에서 무한한 가능성을 창출해 낼 수 있다는 말은 과언이 아닐 것이다.

한 마디로 말해서 손의 모양만 보아도 유명한 피아니스트나 기술자, 유명한 운동 선수나 지도자 또는 거부(巨富)가 될 수 있는 손인지 아니면 문전 걸식을 면하기 어려운 손인지를 식별할 수 있는 것은 그다지 어려운 일이 아니다. 「손자병법(孫子兵法)」 13편에는 "지피지기(知彼知己)"란 말이 나오는데 상대를 알고 자기를 알면 항상 승자가 될 수 있다는 교시라 할 수 있다.

인생살이라는 짧은 생애 속에서 갖가지 병마와 재난에 시달리다가 불행하고도 참혹한 죽음을 면치 못하는 사람들이 얼마나 많은가. 우리는 21세기의 첨단 과학의 시대에 살아가고 있으면서도 이러한 불행하고도 참혹하게 죽어가고 있는 뭇생명들을 무방비 상태로 바라보고만 있을 것인가. 현재까지 개발된 과학의 힘으로 원인 규명과 함께 이러한 불행의 요인이 되는 것들을 미리 탐지하고 방지하여 많은 불행과 재난 속에서 생명을 구출해야 한다는 사명감으로 부단한 연구와 노력이 뒤따라야 할 것이 아니겠는가.

운명을 아는 자는 하늘의 뜻을 알게 되고, 하늘의 뜻을 헤아리는 자는 운명 앞에 숙연한 마음으로 반성하고 참회하게 되는 것이다.

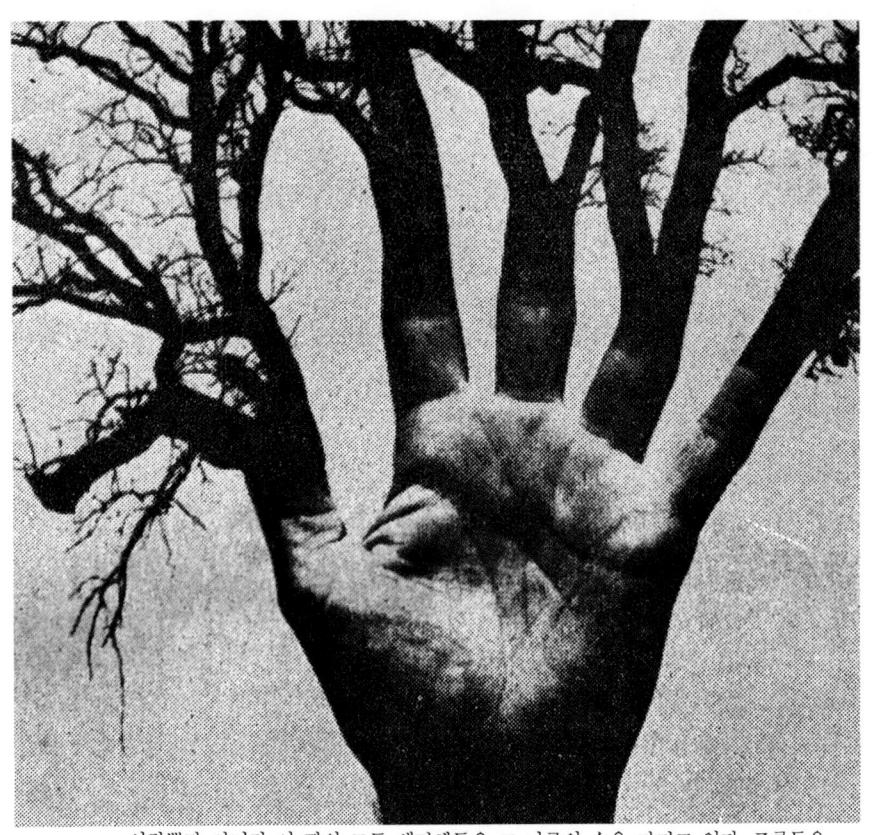

사람뿐만 아니라 이 땅의 모든 생명체들은 그 나름의 손을 가지고 있다. 조류들은
날개가, 동물들은 앞다리가, 식물들은 가지가 그러하다. 따라서 손은 생명과 관계가
깊은 까닭에 연구 가치가 높은 분야라 하겠다.

21세기의 첨단 과학의 기술을 총동원하여 생명 공학의 차원에서
인공 세포까지 개발해 내는 현실이라 할지라도 생(生)과 사(死)라는
두 글자에 대한 진정한 의미를 풀지 못한다면 무슨 가치관이 있다는
말인가.
　손의 기능은 바로 생명의 원천적 기능이요, 인체 활력의 주체가
되기 때문에 우리는 손의 연구에 비상한 관심을 가져야 할 것이다.

통계로 본 수상학

19세기의 수상학 발전에 공이 컸던 프랑스의 데파로르(Tebarol)는 「손의 과학」과 「손의 신비」라는 책을 발간하여 40판까지 중판하여 대단한 평판을 받았으며 프랑스의 과학자 바스킷은 '손의 심리적 연구'라는 논문에서 과학적인 통계를 작성하여 높은 적중률을 입증했다. 또 영국의 C. 월프는 '인간의 손과 동작의 심리'라는 논문을 발표하여 과학적 통계를 정립하게 되었다.

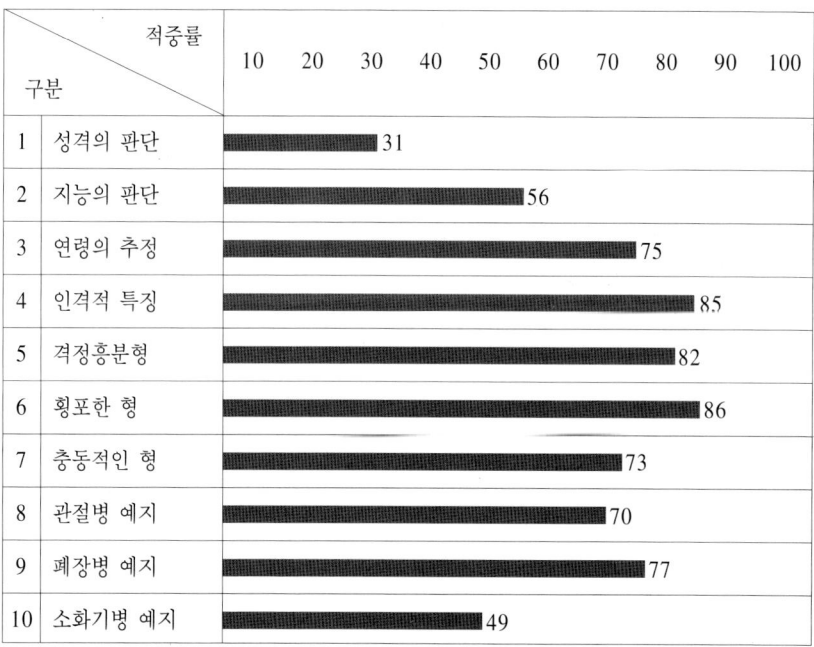

구분	적중률	10	20	30	40	50	60	70	80	90	100
1	성격의 판단			31							
2	지능의 판단					56					
3	연령의 추정							75			
4	인격적 특징								85		
5	격정흥분형								82		
6	횡포한 형								86		
7	충동적인 형							73			
8	관절병 예지							70			
9	폐장병 예지							77			
10	소화기병 예지					49					

수상을 통해서 본 사람의 질병과 성격에 대한 적중률 통계(바스킷의 통계 보고)

수상을 통해서 본 사람의 질병과 성격에 대한 적중률 통계(필자의 조사 보고.
1976년 8월 조사)

구분	적중률	10	20	30	40	50	60	70	80	90	100	
1	성격의 판단											85
2	지능의 판단											72
3	연령의 추정											87
4	인격적 특징											90
5	격정흥분형											80
6	횡포한 형											91
7	충동적인 형											75
8	관절병 예지											82
9	폐장병 예지											86
10	소화기병 예지											91
11	불임증 예지											90
12	불치병 예지											95
13	결혼 환경 판단											90
14	재물운 판단											95
15	직업의 판단											92

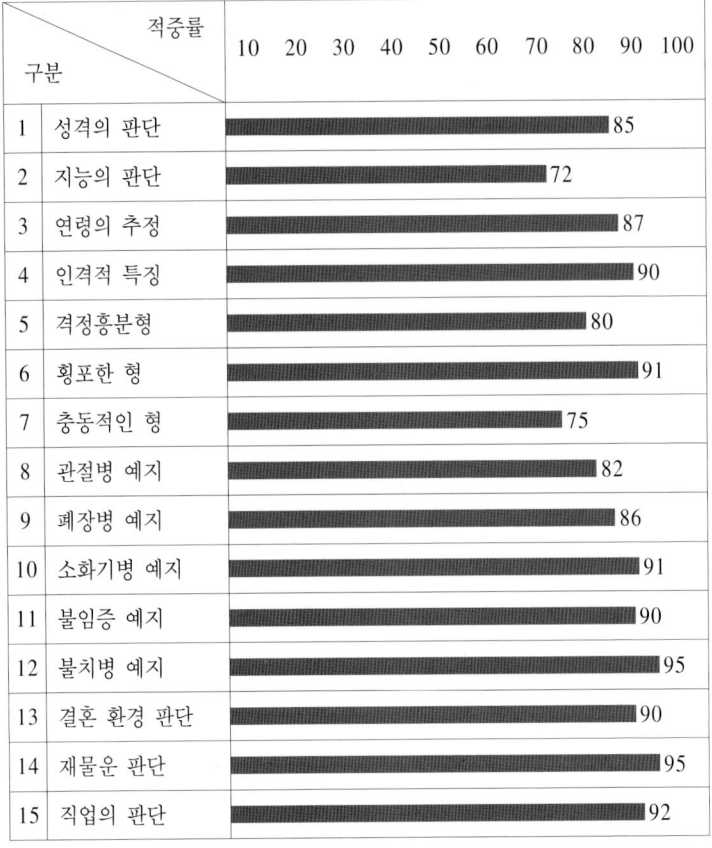

　　수상술이란 단순한 학습만으로 습득되는 것이 아니며 수학적인
공식만을 외운다 해서 습득되는 것도 아니다. 많은 손들을 실제로
관찰하고, 조사하고, 연구한 통계를 바탕으로 해야만 그 사람의 장래
문제와 건강 관계, 직업, 적성 및 결혼, 환경 문제, 특기, 능력과 성격
등 여러 분야에서 예지할 수 있고 판단할 수도 있게 되는 것이다.

동서양의 수상술 발달

　　서양의 수상술 기원을 그리스의 피타고라스(Pythagoras) 시대로
본다면, 기원전 582년에서 기원후 497년 사이로 보아 2500여 년의
역사로 추정할 수가 있다. 동양의 수상술 기원은 춘추전국시대(春秋
戰國時代)인 기원전 1000년에서 기원후 1500년 사이로 보아 3000
여 년의 역사로 추정할 수 있으므로 연륜으로 본다면 약 500년이
나 앞서 있는 셈이 된다.

　　동양에서는 일찍이 중국의 마의(麻衣) 선생이 오대산 화산석실에
서 인상(人相)과 수상술에 대한 도해 해설을 남겨 오늘날까지 후학
자들에게 많은 귀감이 되고 있는데 이것이 바로 '마의 상법(麻衣相
法)'이다. 이 마의 상법은 그 당시 진박(陳博)이라는 사람에게 전수
되었다는 기록이 있으며 진박은 송(宋)나라를 세우고 태조가 된
조광윤(趙匡胤:927~976년)의 인수상(人手相)을 보고 일국을 다스
릴 수 있는 큰 인물이라 평하였는데, 과연 송나라의 태조가 되었
다. 그러한 예언의 힘을 입어 노력한 끝에 권좌에 앉게 된 것이다.
그 뒤 송 태조는 그 보답으로 진박에게 높은 벼슬을 주었으나 끝내
사양하였으므로 '희이 선생(希夷先生)'이라 존칭하여 불렀다 한다.

주(周)나라 시대의 숙복(叔服)이란 사람은 전국시대의 제(齊)나라나 진(晉)나라 왕(王) 등의 상(相)을 보고 사망 일자까지 적중했다는 기록이 남아 있다. 또한 고포자경(古布子卿)이란 사람은 일찍이 공자(孔子)의 상을 보고 대성인(大聖人)이 될 것을 예언했다니 수상술은 공자(기원전 552~기원전 479년)가 태어난 기원전으로 거슬러 올라가는 역사를 가졌음을 추정할 수 있다.

그 뒤 초(楚)나라 때는 당거(唐擧), 한(漢)나라 때는 여공(呂公)과 「삼국지」에 명인으로 기록된 관낙(管輅)이란 사람이 유명했고 남북조시대에는 달마대사(達摩大師)가 불가를 중심으로 전파시켰던 '달마 상법(達摩相法)'이 오늘날까지 전수되고 있으며 송나라 태종의 후원으로 숙복이 책자를 펴내 후학인에게 많은 참고가 되고 있다.

우리나라의 수상술 발달

우리나라의 수상술은 삼국시대부터 그 근원을 추적할 수가 있다. 53년 고구려의 태조왕이 즉위한 뒤 372년 소수림왕 때 불교 문화를 받아들여 더욱 더 활기를 띠게 되었으며, 신라 진흥왕(眞興王;560~576년) 시대 맹명(孟明) 선생과, 계명(季明) 선생이 형제 상학가(相學家)로 활약한 기록이 남아 있다.

고려시대에는 혜증(惠澄)이란 사람이 유명했고, 조선시대에는 무학대사(無學大師)를 비롯하여 이천년(李千年) 선생과 이토정(李土亭) 선생, 정인홍(鄭仁弘), 정북창(鄭北昌)과 같은 분들이 유명했다. 근대에서는 배상철(裵相哲), 강남월(姜南月), 최운학(崔雲鶴) 선생들이 수상학 연구에 적지 않은 실적을 남겼으나 과학적인 통계 자료를 충분히 남기지 못한 아쉬운 점이 있다. 또한 김철안(金哲眼) 선생의 「신수상보감」(1956년 간행)은 수상학 발전에 커다란 가능성을 안겨 주었고, 그 뒤 필자 조성우(曺誠佑)가 「수상대전」 (1977년 간행)을 통해서 현대판 수상학 연구에 도움이 될 적지 않은 자료를 발표했으나 아직도 이 분야의 연구는 참으로 절실한 실정이다.

　일본의 경우는 가도와끼 쇼오헤이(門脇尙平) 씨의 「수상백과」 「수상상담실」 「수상과 건강」, 사도로구요(佐藤六龍) 씨의 「수상을 바르게 보는 법」, 야기끼사부로(八木喜三郎) 씨의 「수상입문」 등 많은 유형의 수상학 연구 책자가 간행되어 있다.

서양의 수상술 발달

로마와 그리스 시대의 수상술

　그리스의 대철학자요, 수학자인 피타고라스는 일찍이 「종교철학과 신비학」 「영의학(靈醫學)」과 「인상과 수상학」에 대한 비전을 남겨 놓았는가 하면, '피타고라스 정리'를 발표하여 수학과 과학 발전에 커다란 업적을 남겼다. 그 무렵 아낙사고라스(Anaxagoras ; 기원전 500~428년)는 대철학가로서 「수상도해연구」를 남긴 바 있는데 그는 말하기를 "인간의 손은 곧 운명을 말해 주고 또 질병을 알 수 있는 불가사의한 신비를 가지고 있다. 사람이 만물의 영장이 된 것은 오직 훌륭한 그 손이 있기 때문이다"라고 했다. 대철학자요, 자연과학자였던 아리스토텔레스(Aristoteles ; 기원전 384~322년)는 그의 저서인 「동물의 역사(History of Animals)」라는 책에서 말하기를 "손은 모든 기관 가운데 가장 중요한 기관이다. 손금은 생명의 장단을 표시하며 손금은 원인없이 나타나지 않는다"라고 했다. 그는 알렉산더 대왕의 보조를 받아 동물사를 만들기 위하여 소아시아 지방에 갔다가 우연히 수상술에 대한 논문을 발견하여 이것을 알렉산더 대왕께 바치면서 "이것은 교양있고 지식 계층에서만이 볼 수 있는 자료입니다"라고 말한 일도 있다. 이렇듯 수상술에 관심이 많던 아리스토텔레스의 '수상도해입(Yromamtia Aristoteles cum Figuris)'은 1737년 영국에서 「걸작집」에 수록되어 출판되었다. 또 로마의 황제 아우구스투스(Augustus)도 수상학을 배웠다는 기록이 있으며, 영웅 시저(Cazar)도 수상술에 능통했으며 성서가 최초로 인쇄된 447년부터 하토리브(Hartoribu)라는 승려로부터 많은 사람들이 수상학을 전수받았다는 기록이 전해지고 있다.

미국과 영국의 수상술 발달

미국과 영국의 수상술은 과학적인 원리 규명에 이르기까지 활기를 띠고 있는데 1960년의 통계에 의하면 미국에서 예언가를 찾는 사람들이 연간 1000만 명 이상 된다고 한다. 영국의 C. 월프는 '인간의 손과 동작의 심리'라는 논문을 발표하여 일대 센세이션을 일으킨 바 있다. 미국의 벤함(Ben Ham)이라는 대학자는 2차대전이 일어나기 전에 미국의 한 통신사의 특집으로 발표된 내용에서 "수상학은 과학이다. 우리들의 손은 얼굴과 마찬가지로 마음의 움직임을 폭로할 수 있다"라고 말한 바 있다. 최근에는 많은 의학자들이 손에 대한 연구를 거듭하고 있으며 특히 질병과의 관계를 연구하는 데 많은 실적을 쌓고 있다 한다. 그리고 종합 병원이나 각 산부인과 병원에서 일란성 쌍둥이를 구분하는 데는 오직 지문을 통해서만이 그 정확도를 유지할 수 있다는 차원에서 수상술에 대한 연구 가치는 앞으로도 얼마든지 있다.

수상을 보는 법

우리 몸 가운데 어느 한 부분 중요하지 않은 부분이 없겠지만 특히 손의 기능은 우리의 생명과 직결되는 부분이라 할 수 있으며 손끝에 배치되어 있는 말초 신경이야말로 고도의 컴퓨터 기능을 갖고 있는 부분이다. 따라서 손의 모양, 피부의 빛깔, 손가락의 생김새, 손바닥의 살집 형태, 손금의 배치 모양 등 복합적으로 관찰하지 않으면 안 된다.

손의 골격 형성

손의 골격 형성은 모체(母體)에서부터 형성되어 성장기인 사춘기에 들어서야 발육이 마무리된다고 보는데 다음과 같은 순서로 발육이 된다.

유두골(有頭骨);생후 40일~8개월 사이
유조골(有釣骨);생후 50일~10개월 사이
삼각골(三角骨);생후 2년~4년 사이

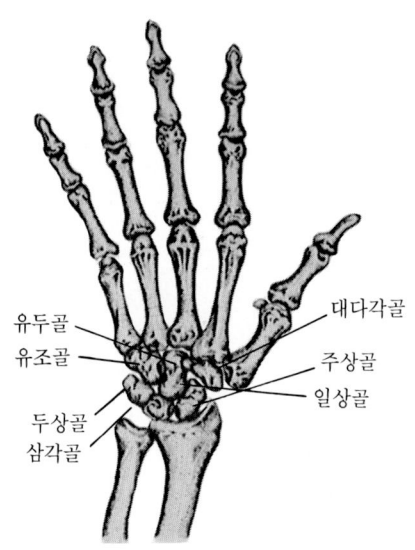

유두골   대다각골

유조골   주상골

                                    일상골

두상골

삼각골

손의 골격 형성도

일상골(日狀骨) ; 생후 3년～4년 사이

대다각골(大多角骨) ; 생후 4년～5년 사이

주상골(舟狀骨) ; 생후 4년～5년 사이

두상골(頭狀骨) ; 생후 9년～15년 사이

특히 두상골의 성장 발달이 가장 늦으며 이곳에 혈관이 집중되어 있어 영양 상태와 밀접한 관계가 있을 뿐만 아니라 내분비(內分泌)와도 밀접한 관계가 있다.

손의 모양

손의 모양이라 하면 반드시 체격이나 팔의 굵기와도 비교, 관찰되어야 하며 손바닥과 손가락의 형태에 대해서도 예의 관찰해야 한다. 마치 나뭇가지의 모양을 살펴보면 그 나무의 특징을 알 수 있는 것과 마찬가지인 것이다. 소나무의 가지와 잎은 소나무로서의 고유한 특성이 있고, 대나무 가지와 잎은 대나무로서의 고유한 특성을 말해 주는 것이며, 은행나무의 가지와 잎은 은행나무의 고유한 특성을 지니고 있듯이 사람마다 그 손 모양의 형태에 따라 각기 다른 특성이 있다.

손은 우리들의 생각을 행동으로 옮기게 하는 실천 기관의 기능도 갖고 있기 때문에 자기 자신을 방어하는 강한 동작을 하게 된다. 모든 운동 선수들의 기능 발휘가 거의 손에서 좌우되는가 하면, 농아(聾啞)들에게는 입(口)의 기능을 하게 되는 중요성을 갖고 있으니 손에 대한 연구 가치는 참으로 높다 하겠다.

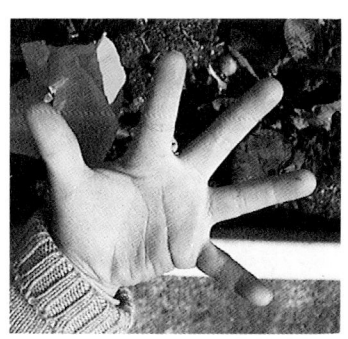

손의 모양 손은 그 형태에 따라 사람마다 각기 다른 고유한 특성을 지니고 있다.

제1형 금(金)형의 손(실무가의 손)

손의 특징 금형의 손은 손가락이 길지도 짧지도 않고 균형있는 모양이고, 손가락과 손 전체에 탄력이 있으며, 단란한 촉감을 준다. 특히 엄지손가락이 크고 짧은 것이 특징이다. 뼈와 살의 형태는 비교적 균형이 잡혀 있으며, 손바닥의 피부가 부드럽다기보다는 단란한 촉감을 준다.

성격 말보다는 실천 위주로 행동이 앞서며, 언제나 모든 일을 실리적으로 판단하며, 자기 자신의 힘으로 처리해 나간다. 극기심과 자립 정신이 강하며 사교적인 면은 약하나 통솔력(leadership)은 강한 편이다. 금형의 손을 가진 사람 100명을 상대로 통계해 본 결과 다음과 같았다.

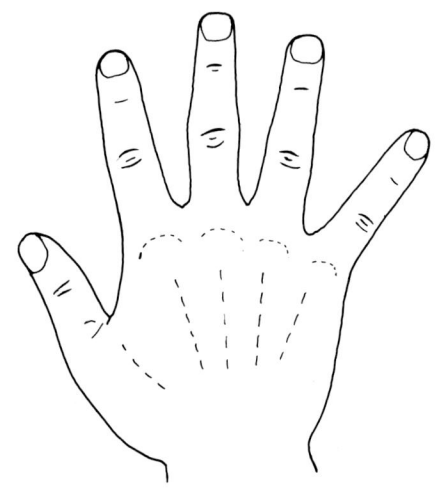

직업 구분	정치 계통	예술 계통	실업 계통	교육 계통	의과 계통	법률 계통	기타
백분율 (%)	17	1	25	15	20	20	2

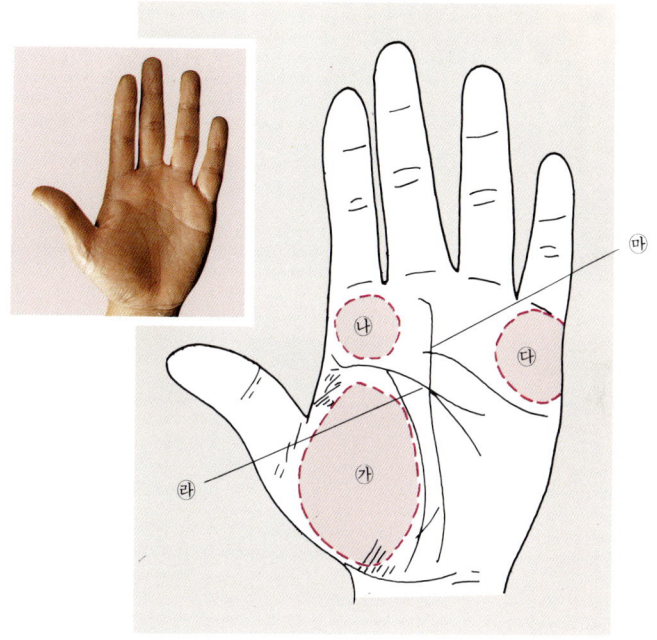

　정성만(丁成萬 남, 42세, 회사원) 씨의 양손을 살펴본 즉 왼손의 윤곽이 뚜렷하게 발달되어 왼손을 중심으로 살펴보겠다.

　첫째, 손 모양이 금형의 손으로 손바닥의 살집이 보편적으로 탄력이 있으며 손가락에 붙은 살도 잘 발달되어 있는 것이 특징이다. 언제나 현실적인 사고 방식을 강하게 가지며, 자기가 한 일을 자기가 책임진다는 소신이 강하다. 약간 무뚝뚝하다는 평을 받을 수도 있으나 이는 극기심이 강하기 때문이며, 모든 사물을 주관적으로 깊이 관찰하려는 특성이 있다.

　둘째, 손가락의 형태를 관찰해 본다면 엄지손가락은 단강형의 모양으로 독립심이 특히 강하면서 활동적이고, 노력하는 유형이며 남은 네 손가락들이 균형있게 발달하여 세심한 일을 잘 처리하는 특징적인 면을 읽을 수가 있겠다.

　셋째, ㉮의 금성 언덕의 살집 상태는 모든 일을 스스로 찾아서 처리할 뿐만 아니라, 주위 사람으로부터 신뢰를 얻는 내면을 엿볼 수 있다. ㉯와 ㉰의 살집의 발달은 주위를 잘 파악하고 남다른 연구심도 가지고 있음을 암시해 주고 있다.

　넷째, 뚜렷한 생명선과 출발이 같은 두뇌선의 발달은 끝에 쌍맥으로 갈라져 있는 것이 특징이라 할 수 있는데 이것은 현실적인 사고 방식과 이상과 연구심 내지 상상력의 추구가 강한 주류(主流)의 맥락을 읽을 수 있다. 특히 강한 운명선의 기세는 ㉰의 35세 기점권을 통과하여 ㉱의 50세까지는 직장운과 자기 활동운이 구김살 없이 헤쳐 나갈 수 있음을 암시해 준다.

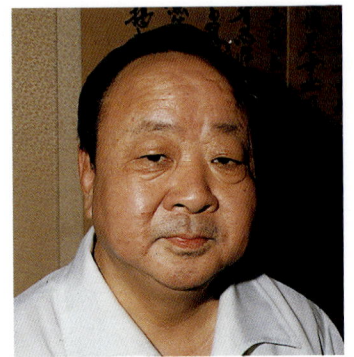

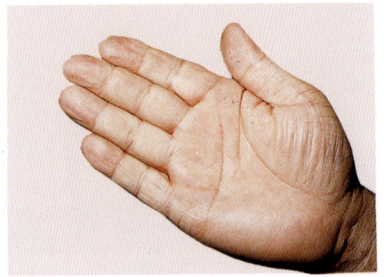

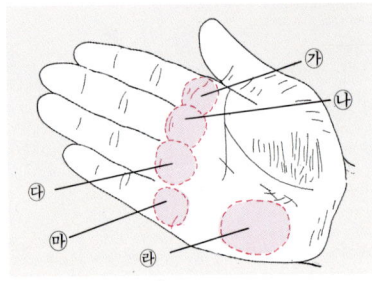

김석배(金錫培 남, 67세, 상업) 씨의 양손을 비교해 보니 오른손의 발달이 뚜렷하여 오른손을 중심으로 살펴보기로 하겠다. 오른쪽 손가락의 계속되는 운동의 영향으로 왼손보다 오른손의 발달이 두드러지고 있다.

첫째, 손 전체의 모양이 금형(金型)의 손으로 실무자의 손이며, 언제나 말보다 실천, 행동을 앞세우며, 좀 무뚝뚝하게 보이나 극기심이 강한 반면 동정심도 강한 것이 특징적이다.

둘째, 손가락의 형태가 탄력이 있으면서 균형있게 발달하였고 엄지손가락은 단강형으로 독립심과 책임감이 강하며, 노력가로 현상의 모든 것들을 극복해 나가는 독특한 개성을 가지고 있다는 것을 암시해 준다.

셋째, 손바닥의 언덕 살집인 ㉮ ㉯ ㉰가 발달한 상태는 탐구심과 연구심이 남다른 독특한 면이 있을 뿐만 아니라 정서적인 면에서도 자연을 즐기고, 무엇보다도 순수를 좋아하는 유형이기 때문이리라 생각된다.

넷째, 월구의 살집이 또한 잘 발달해 있는 것은 각별한 정신력이 뚜렷하며 두뇌선의 끝이 약하고 정직하고 사리판단이 분명하다. 생명선이 뚜렷한 것은 생명의 위기를 잘 극복해 왔다는 것을 말해 주고 있다. 끝으로 ㉱의 결혼 환경선과 자녀선이 쌍립 혼합하여 일생 일직(一職)으로 50년을 넘도록 한자리를 고수하면서 다복한 가정을 이루고 있음을 말해 주고 있다.

제2형 목(木)형의 손(이상가의 손)

손의 특징 목형의 손은 금형의 손과는 대조적으로 손가락이 늘씬하며, 손가락 끝이 뾰족한 모양으로 엄지손가락도 비교적 고운 모양이다. 또 손등도 뼈가 보이지 않을 정도로 도독하며 손톱 모양도 계란형, 긴 네모꼴 형태이며, 피부가 부드러우면서 혈색이 흰 것이 특색이다.

성격 비교적 상상력이 풍부하며 다정 다감한 성격을 가진 것이 특징적이다. 이상적인 사고 방식과 공상력이 뛰어나 모든 일에 남다른 계획력과 구상 능력을 갖는다. 또 행동이 약간 느리며 의타심이 많고 영화나 음악 감상을 좋아한다. 목형의 손을 가진 사람 100명을 상대로 통계해 본 결과 다음과 같았다.

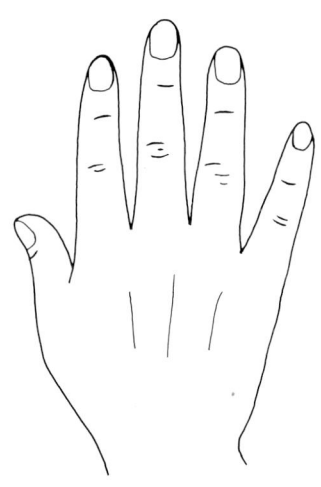

직업 구분	정치 계통	예술 계통	실업 계통	교육 계통	의과 계통	법률 계통	기타
백분율 (%)	5	50	1	14	5	2	23

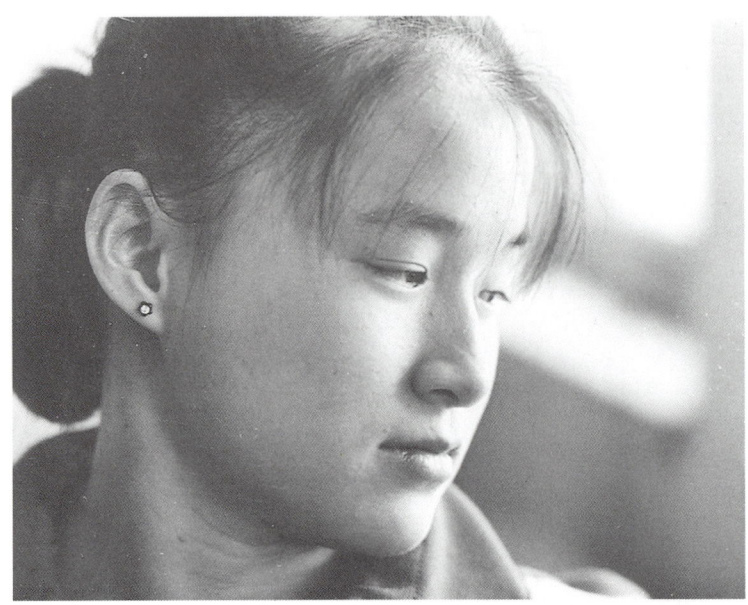

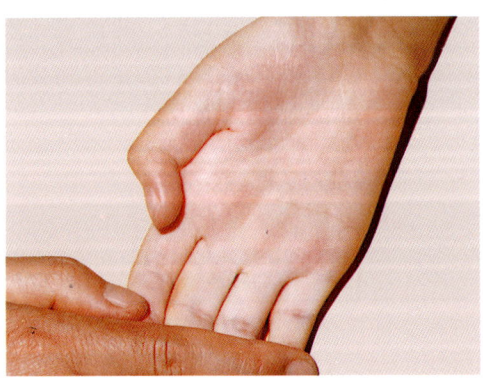

김소영(金疏榮 여, 22세, 전 국가 대표 체조 선수) 양의 두 손은 모두 손가락이 부자유스러운 상태라서 간신히 오른손 바닥을 살펴볼 수 있는 정도임을 안타깝게 생각한다.

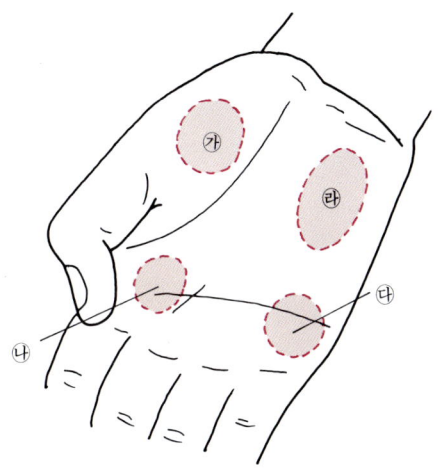

　첫째, 손의 모양은 목형의 손에 가까우며, 상상력과 감상력이 비교적 풍부한 편이며 꾸밈이 없는 순수한 성품을 읽을 수가 있겠고 체질적으로 오행상 신약 체질(身弱體質)이므로 몸을 항상 온화하게 관리해 나갈 것을 명심하기 바란다.

　둘째, 체조뿐만 아니라 예능 계통에도 소질이 있을 것이며, 단순하고 정직한 마음을 빼놓는다면 아무 것도 남는 것이 없을 것이다. ㉮의 금성 언덕의 살집을 관찰해본다면 아직도 회복될 수 있는 희망이 있으니 꾸준히 물리 요법과 운동 요법과 영양 관리를 잘 해나갈 것을 주문한다.

　셋째, ㉯의 목성 언덕과 ㉰의 수성 언덕을 살펴보면 전화 위복의 여지가 보이고 있으며 정신력을 좀더 강화시켜 나가기만 하면 생명선의 형태로 보아서는 회복되어 나갈 수 있음을 확신할 수 있다. 다만 신경이 극도로 쇠약된 상태이므로 신경맥을 잘 다스리는 물리 요법이 절실한 실정이다.

　넷째, 끝으로 특기할 만한 것은 근본적으로 두뇌선과 운명선이 자리잡지 못하고 있는 상태인데 이것은 복잡한 생각을 평소에 배제하고 있음을 읽을 수가 있겠다. 주위 환경 여건 형성이 되어 있지 않아 뚜렷한 목표를 세우지 못하고 있음을 암시해 주고 있는 듯하다. 지금이 22세의 꽃다운 젊음이 있는 나이이니, 조급한 생각을 버리고 27세, 28세를 향해서 꾸준하게 하루도 쉬임없이 물리 치료를 해나간다면 반드시 유종의 미를 얻을 수 있을 것이다.

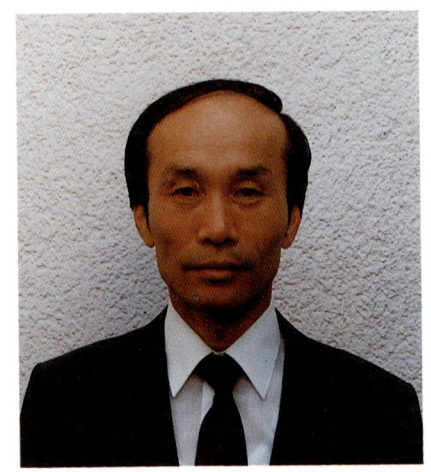

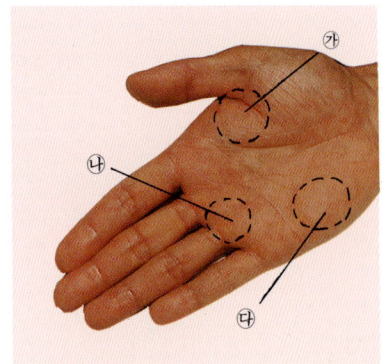

박영배(朴永培 남, 56세, 한의원 원장) 씨의 오른손을 관찰해 본다.

첫째, 손의 전체적인 모양은 목형의 이상을 추구하는 손으로 남다른 상상력과 추리력을 가지고 두뇌 활동을 해나가는 유형이다. 또 어떤 일에 확실성이 점검되지 않는 일에는 관심조차 없으니 철두 철미주의자라고나 할까?

둘째, 손가락의 모양과 엄지손가락의 모양은 항상 책임감 속에 묻혀 살아가게 되며 사리의 분별이 철저하여 때로는 얼음보다도 냉정한 결단력을 내리게 되며 늘 바쁜 생활 속에서 쉬는 것을 싫어하는 개성이 뚜렷한 성품을 말해 주고 있는 듯하다.

셋째, ㉮의 금성 언덕의 발달 상황과 ㉯의 태양 언덕의 발달로 미루어보아 자기 자신의 건강 관리를 철저히 하고 있음을 읽을 수가 있겠고, 금전의 출납이 완벽함을 예견하게 된다.

넷째, 달의 언덕 ㉰의 발달 상황은 정신적인 수준도 높다는 것을 읽을 수가 있으며 사상학적으로 보면 소음인(小陰人)에 가깝고 선천적 강체이며 골다육소형으로 장수형이라 하겠다. 특히 이상 철학가의 손으로 목국토체로서 뛰어난 인술이 숙명을 정한 듯 목성구와 화성구가 남달리 발달되어 맡은 바 책임을 다하고 노력의 대가가 충분하니 의사로서 천직이라 하겠다. 또한 예방 치료(보약)에 명의라 하겠다.

제3형 수(水)형의 손(활동가의 손)

손의 특징 수형의 손은 마치 주걱 모양으로 손가락 끝이 둥글넓적한 모양으로 손가락이 단단하고 힘이 있으며 길지도 짧지도 않으며 악수를 했을 때 손 전체의 촉감이 단단한 느낌을 주는 것이 특징이다.

성격 비교적 자립심과 독립심이 강하여 남에게 의지하려는 마음에 앞서 스스로의 힘으로 해결하기를 좋아하고, 휴식을 싫어한다. 또 예술이나 오락에는 별로 관심이 없으며 일하기를 좋아하고, 평소에 근면한 성격으로 항상 실리적인 일에 깊은 관심을 갖는 성품이다. 또 모든 일에 세밀한 계획으로 처리하며 다른 사람에게 지배받는 것을 싫어하고, 항상 자기 소신껏 일하기를 좋아한다. 수형의 손을 가진 사람 100명을 상대로 통계해 본 결과 다음과 같았다.

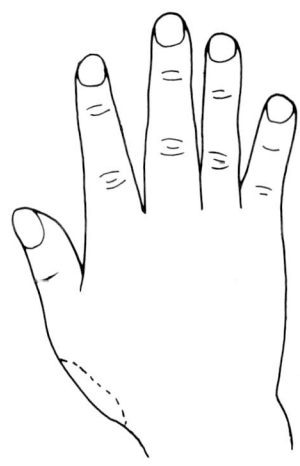

직업 구분	정치 계통	예술 계통	실업 계통	교육 계통	의과 계통	법률 계통	기타
백분율 (%)	15	2	40	8	7	15	13

실례1

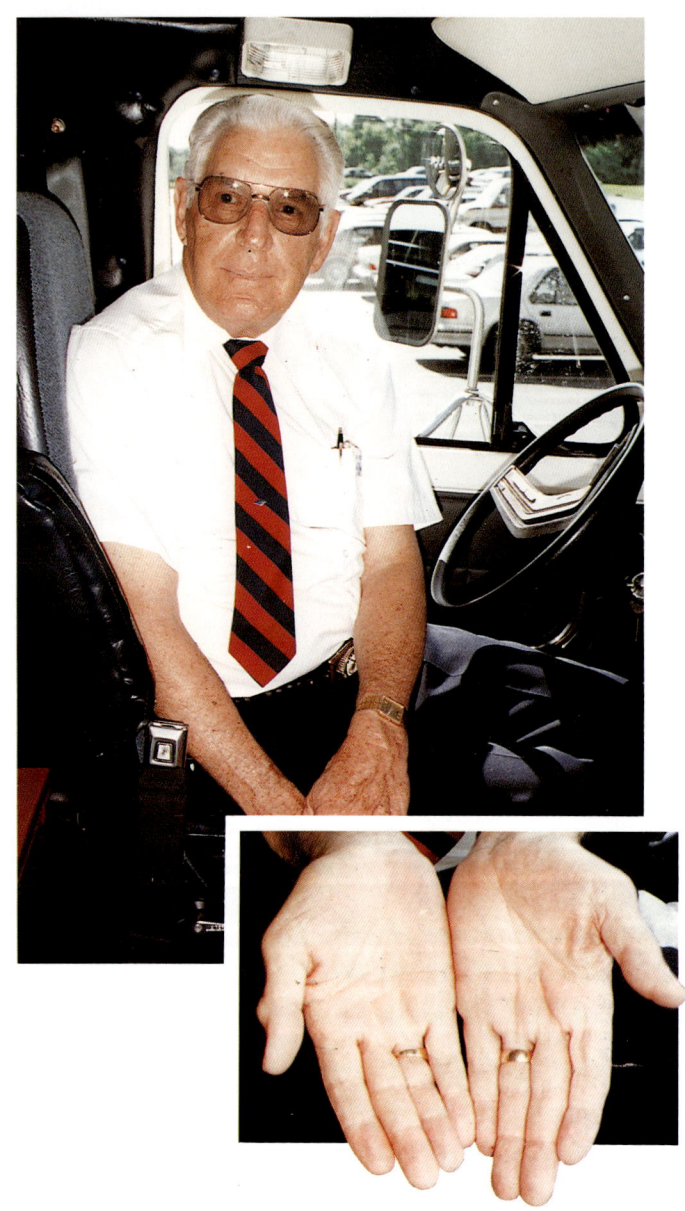

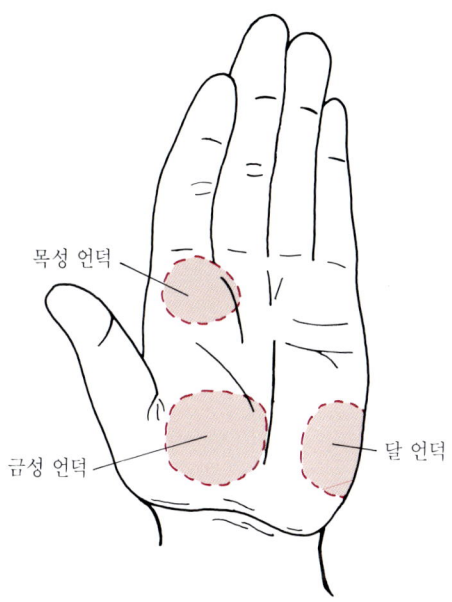

목성 언덕

금성 언덕

달 언덕

　찰리 햄톤(Charlie Hampton 남) 씨의 양손을 살펴보니 왼손의 발달이 두드러진 상태이므로 왼손을 중심으로 분석해 볼까 한다.
　첫째, 손의 형이 수형의 손으로 자립심과 독립심이 강하며 타인의 지배를 받기 싫어하는 뚜렷한 개성을 가진 사람이다. 특기할 만한 사항은 대체적으로 휴식과 오락이나 예술 같은 분야에는 별로 신경을 쓰지 않는 것이 수형의 손을 가진 사람의 특징이나, 햄톤 씨의 경우만은 예외라고나 할까? 멋있게 삶을 영위해 나가려는 의지가 있는 유형이다.
　둘째, 손가락은 균형을 이루어 발달했다. 특히 엄지손가락이 장방형으로 다방면에 일가견을 갖고 있고, 외교적 두뇌가 명석하게 움직일 뿐만 아니라 뚜렷한 개성을 갖고 모든 일을 소신껏 처리해 나가는 유형이다.
　셋째, 사진에서 보는 것처럼 금성의 언덕과 목성의 언덕과 월구의 언덕 살집이 고루 발달하여 자신감이 넘치고 나이보다 15년 이상 젊음을 유지해 나가는 체질로 매사를 시원스럽게 처리해 나간다.

실례2

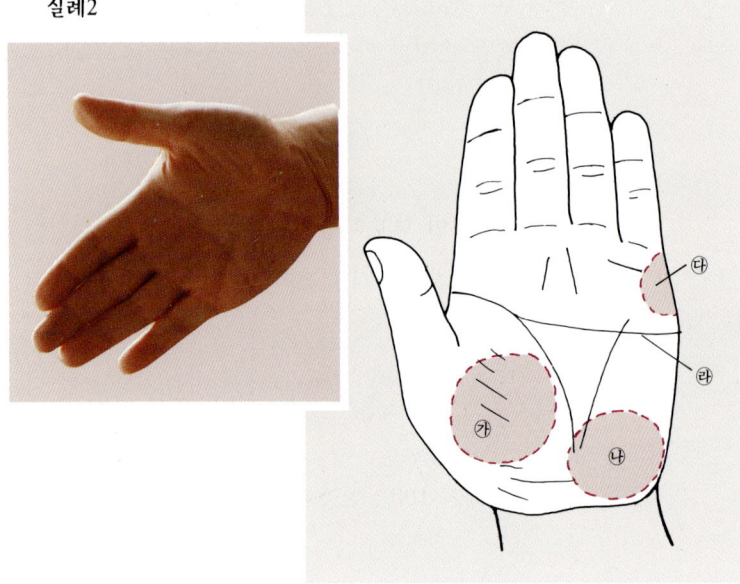

양의석(梁義錫 남, 33세, 회사원) 씨의 두 손은 일반인들의 손과는 다른 특이한 점이 손의 형태와 선의 발달면에서도 색다른 면에서 주의할 점이 있다.

양의석 씨의 왼손을 기준하여 관찰해 본다.

첫째, 손 전체의 모양은 수형의 활동가의 손에 가까워 손바닥의 길이에 비하여 손가락의 길이가 미치지 못하는 전체 손가락의 길이가 짧고 단단한 형태로 강한 의지와 자립심이 있음을 한눈에 읽을 수 있다.

둘째, 천부적으로 낭비와 휴식을 싫어하며 실리를 추구하는 일에 투신하기를 좋아하며, 유흥이나 예술 분야에는 거리가 멀고 언제나 자기 판단에서 모든 일을 처리해 가는 유형이다.

셋째, ㉮의 금성 언덕 살집은 기본 체력은 건강하다. 정신과 운동의 불균형으로 신경성 질환에 각별히 유의해야 하며 ㉯의 달 언덕에서는 강한 정신력을 보여 주고 신의가 생활 신조라는 무언의 대변이라도 해주는 듯하다.

넷째, ㉰의 수성 언덕의 발달 상태는 주위와 협력 관계를 잘 이루고 있으며, 감각신경이 뛰어나 모든 일을 거의 감각으로 처리해 나가는 유형이다. ㉱의 감정선의 형태는 두뇌선과 합쳐져 도도한 강물처럼 시원스레 횡단되어 있는 상태는 사소한 감정에 치우치지 않고 공사간의 처리를 분명히 해나가고 있음을 읽을 수가 있다. 34세부터 발전의 폭이 매우 크겠으며 37세부터 38세의 횡재운도 특기할 만한 점이다.

30 수상을 보는 법

제4형 화(火)형의 손(철학가의 손)

손의 특징 화형의 손은 손가락 마디마디가 튀어나온 모양이며, 엄지손가락도 길고 단단할 뿐만 아니라 관절이 발달하여 손가락을 반듯하게 쪽 폈을 때, 손가락 사이가 붙지 않고 떠 있는 것이 특징이라 하겠다.

성격 대체적으로 물질적인 면보다는 정신적인 면과 이상적인 면에 관심이 많다. 추리력과 판단력이 강하고, 모든 일을 면밀하게 분석 처리하며 지식에 대한 욕구가 강하고, 모든 일에 강한 집념을 갖는다. 약간 현실을 외면하는 경향이 있으나 강한 연구심으로 독립 정신도 타의 추종을 불허한다. 특히 여자가 이런 손을 갖게 되면, 사교성의 결핍으로 깊은 애정을 갖기가 어렵고 자기 아집에 빠져 불화를 자초하기 쉽다. 필자가 100명을 상대로 집계해 본 결과 다음과 같았다.

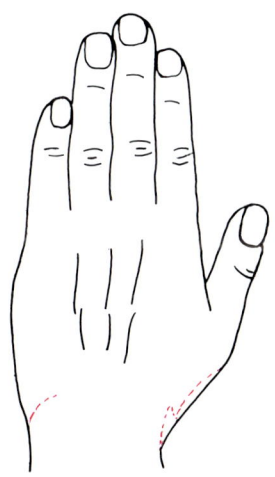

직업 구분	정치 계통	예술 계통	실업 계통	교육·종교 철학 계통	의과 계통	법률 계통	기타
백분율 (%)	3	2	15	55	10	7	8

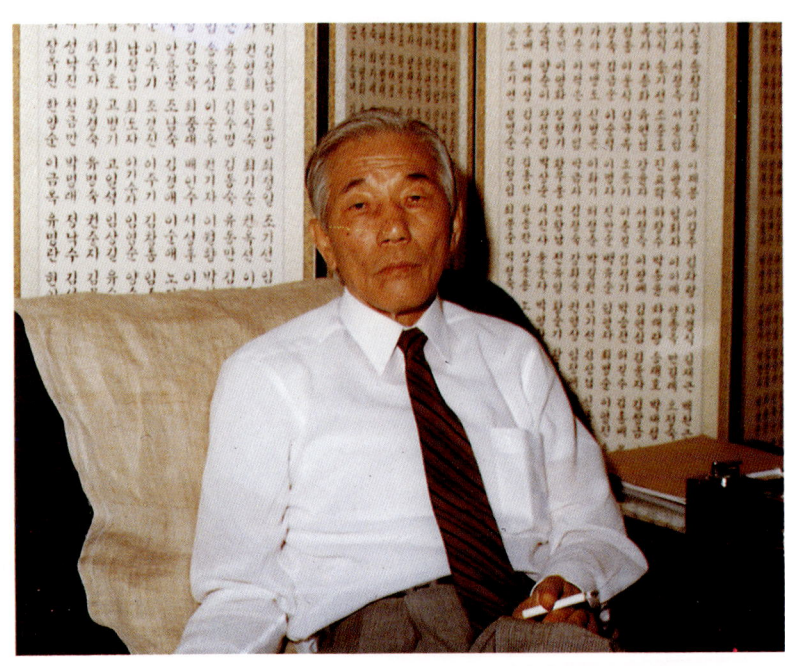

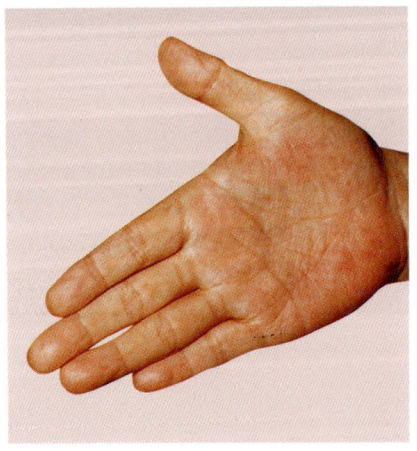

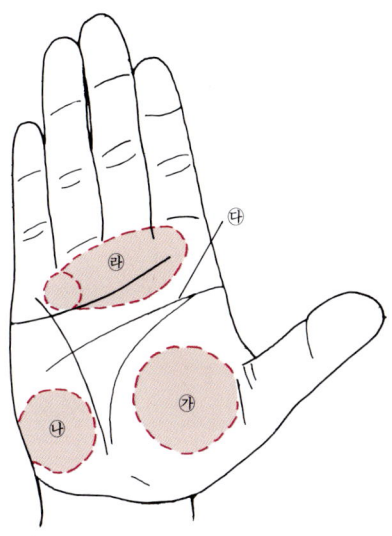

　김춘삼(金春三 남, 74세) 씨는 어느 역대의 제왕보다도 값지고 후회없는 인생을 살아왔다고 지난날들을 담담한 표정으로 회상하고 있는 거지왕이다. 김춘삼 씨의 오른손을 기준삼아 관찰해 본다.

　첫째, 손의 모양은 강력한 골격 형성이 균형을 이룬 금형의 모양이면서 추리력이 강한 화형의 손가락으로 순간순간의 판단은 위대한 걸작품을 만들어 내는 천재적인 재질을 엿볼 수 있는가 하면 백 마디 말보다 행동적 실천을 앞세워 나가는 특유한 개성과 남다른 동정심, 의리에 살고 의리에 죽는다는 신조는 주위의 많은 사람들로 하여금 추앙을 받게 한 특유한 인간미라고나 할까?

　둘째, ㉮의 금성 언덕의 발달은 강력한 장방형의 엄지손가락을 형성하여 특유한 외교 능력과 통솔력이 있음을 대변해 주고 있으며, ㉯의 달 언덕의 살집은 남다른 투철한 정신력이 있음을 말해 주고 있다.

　셋째, ㉱의 언덕 살집은 검지와 중지, 무명지의 강한 뿌리를 형성시켜 많은 재물도 출납이 빈번했음을 읽을 수가 있겠다. 돈은 쓰는 만큼 들어오고 들어오는 만큼 쓰도록 되어 있는 부익부(富益富) 빈익빈(貧益貧)의 미묘한 작품을 만들어 내는 묘리가 작용하고 있다.

　넷째, ㉰의 두뇌선은 완만하게 발달하여 감정선과 평행을 이룬 것은 모든 사리를 균형있게 처리해 나가는 지혜가 있음을 읽을 수가 있겠다. 태양선이 운명선과 합치되어 큰 산의 계곡처럼 발달되어 있는 것은 독보적인 외길을 걸으면서 개인 사업보다는 명분이 뚜렷한 일이라면 모든 것을 다 걸겠다는 의지가 뚜렷이 암시되어 있다.

실례2

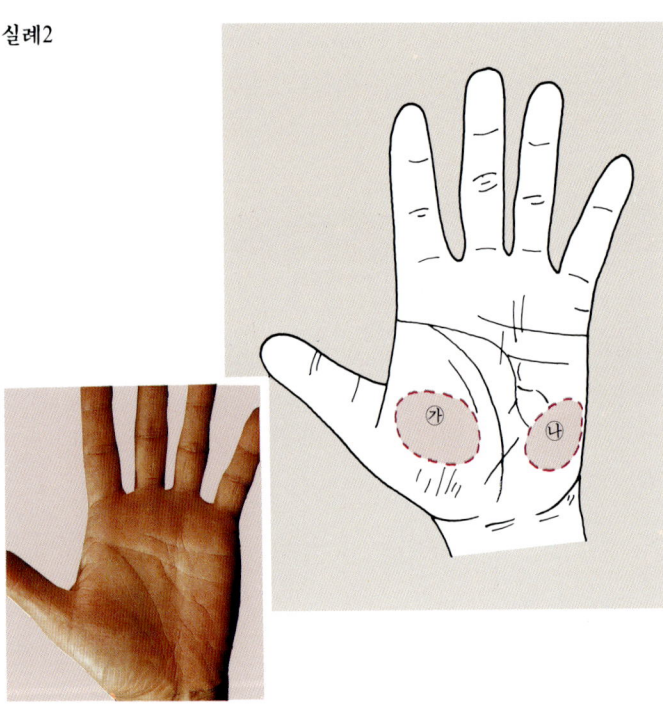

　김종철(金鍾哲 남, 45세, 사진 작가) 씨의 왼손을 중심으로 해서 부분적인 상태를 총괄해 본다.
　첫째, 손의 모양은 화형의 손으로 물질 세계보다는 정신의 세계를 추구하는 힘이 강하게 움직이며, 경우에 따라서는 지나치게 세심한 부분에까지 생각에 빠지는 경향이 많다. 추리 분석력도 일가견을 가지고 있으며 매사에 소극적인 단면이 비교적 많고 약간 융통성도 결여된 면이 예상된다.
　둘째, 손가락의 발달 상황을 살펴보면 빳빳한 엄지손가락은 모든 것을 합리성있게 남에게 자극을 주지 않는 유형이며 원만, 정진형이다.
　셋째, 그림 ㉮의 금성 언덕 살집에서는 동맥 경화를 예방하는 처방을 써야 함을 암시해 주고 있으며, 과음을 삼가야 된다는 주문을 하고 싶다.
　넷째, 두뇌선이 중간에서 쌍맥(雙脈)으로 길게 갈라져 있는 상태는 현실 속에서 적응하면서 정신적 생활 속으로 파고 들어가려는 갈등을 강력히 지적해 주고 있다. 손가락 전체가 단직형으로 자신이 하는 일에는 책임을 지고 내적 지휘력이 강하나 표현력이 약하고 천부적으로 예술성이 뛰어나서 환경의 도움 없이 대단한 발전을 뜻하는 수상이다.

제5형 토(土)형의 손(예술가의 손)

손의 특징   손가락의 근원은 약간 굵은 편이나 손가락 끝은 뾰족한 모양으로 손가락의 동작에 유연성이 있어 민감한 움직임을 보인다. 얼핏 보면 목형의 손과도 비슷하나 엄격하게 구분되며, 손가락을 쭉 뻗었을 때 손가락 사이가 보이지 않는 것이 특징이다.

성격   비교적 다정 다감하고 행동은 약간 느리나 모든 일에 섬세하며 사교성도 좋고 활동이 민첩하다. 그러나 대체로 인내심이 약하고, 작은 일에는 지나치게 신경을 쓰지 않고 물질에도 연연하지 않으며 관광이나 여행을 즐기는 편이다. 또한 예술적인 재능도 남달리 가지고 있으며 감각 신경이 발달한 편이다. 필자가 토형의 손을 가진 사람 100명을 상대로 조사해 본 결과 다음과 같았다.

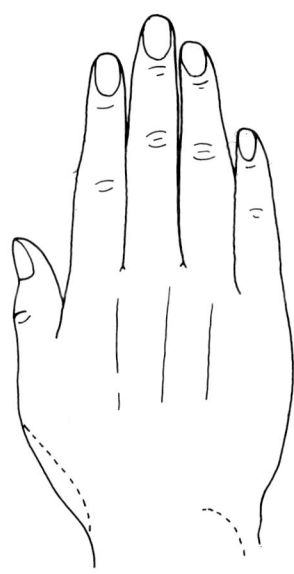

직업 구분	정치 계통	예술 계통	교육 계통	실업 계통	의과 계통	법률 계통	기타
백분율 (%)	5	60	20	3	5	2	5

실례1

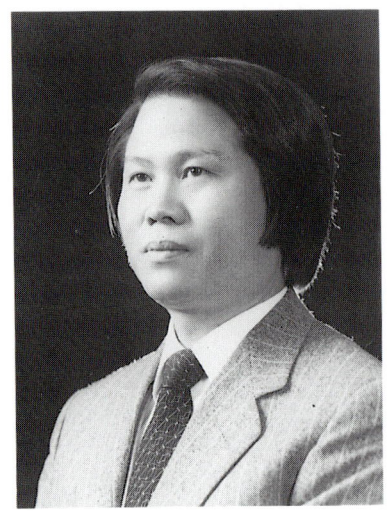

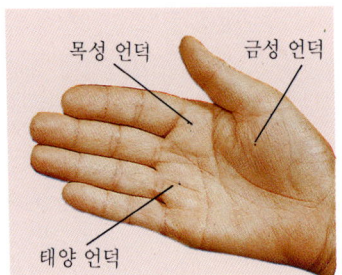

목성 언덕　　금성 언덕

태양 언덕

　황성현(黃晟現　남, 51세, 국전서예심사위원) 씨의 수상은 토형금체로서 천지의
이치를 탐독하고 달관한 형상으로 당대의 희귀한 손금을 간직한 격국이다. 시(詩),
서(書), 화(畵)의 삼원(三原)을 선천적으로 발휘할 수 있는 운세로서 타의 추종을
불허한다. 금목수화토의 오성이 균등하게 발달되어 수많은 후배를 양성하며 특히
중용의 도를 취득하여 해박한 학문은 물론 가곡에도 심취한 풍류 일생과 항상 타인을
돕는 근세사에 드문 수상이라 하겠다.
　첫째, 손의 모양은 전체가 둥근형으로 천(天), 인(人), 지(地) 세 선이 뚜렷하니 집념
이 강하고 타인을 너그러이 관용하는 성품이기도 하다. 그리고 한곳에 집착하지 않는
원만한 처세와 불우한 이웃을 도와주는 후덕한 성품으로 고도의 사차원 영매가 발달
하였다.
　둘째, 엄지손가락의 특징은 곤봉형으로 다소 모험심도 갖게 되며 미적인 감각도
수준 높게 발달해 있음을 읽을 수 있고 금성 언덕은 평소 건강과 정신이 발란스가
유지되고 있음을 말해 주고 있다.
　셋째, 목성 언덕의 발달 상태는 강력한 실천력과 명예욕도 나타내고 있으며 대뇌,
소뇌, 관뇌 가운데 관뇌가 발달되었고 성도 또한 엿보인다. 그리고 자유주의를 추
구하는 향방이 뚜렷하다.
　넷째, 태양 언덕을 보면 예술적인 감각이 뚜렷하고 자극적인 음식은 피하는 것이
길하다. 그리고 금성구가 발달하여 미래를 예견하는 삼매력도 있어 그 이름은 천추에
빛날 것이다.

제6형 금목(金木)형의 손(일반인의 손)

손의 특징 뚜렷한 특징이 있는 손으로 규정짓기는 어려운 손이다. 손에 힘이 없는 듯하면서도 뼈는 단단한 편이며, 손톱 모양이 약간 짧고 손등의 살가죽이 비교적 얇은 것이 특징이다. 특히 엄지손가락 뿌리 부분의 살집이 발달되었다.

성격 자기에게 주어진 일에 대하여 책임감이 비교적 강한 편이며, 모든 일에 평범한 사고 방식을 갖고 무리한 일을 피하는 성격이다. 뿐만 아니라 작은 일에도 세심한 신경을 쓰는 경향이 많고 자기 힘으로 많은 노력을 하여 생활해 가며, 주변 환경과 잘 적응한다. 금목형의 손을 가진 사람 100명을 대상으로 하여 직업별로 조사해 본 결과 다음과 같이 나타났다.

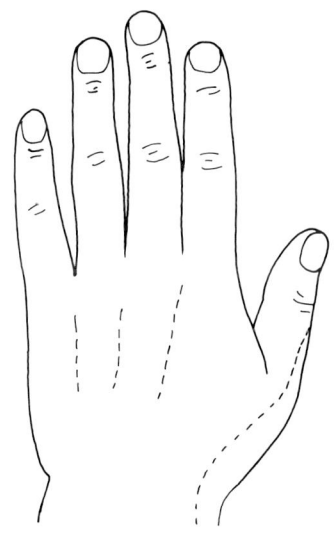

직업 구분	정치 계통	실업 계통	행정 계통	의학 계통	예능 계통	중개업 계통	기타
백분율 (%)	5	15	5	5	3	20	47

실례1

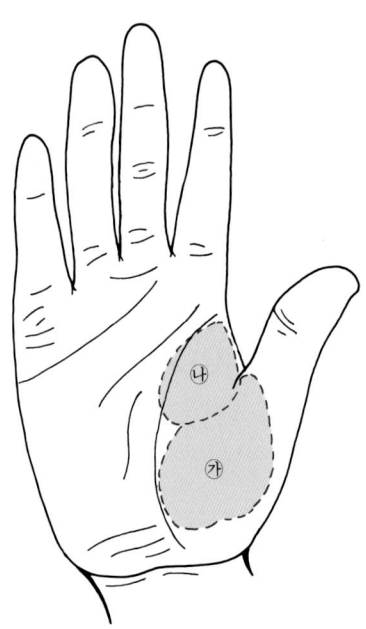

멕-샤나한 데비스(Meg Shanahan Davis 여, 기록 협력 책임자) 씨의 양손을 살펴보니 오른손의 발달이 두드러지는 경향이 있어 오른손을 기준으로 하여 부분별로 관찰해 보겠다.

첫째, 손 전체의 모양이 금목형(金木型)의 손으로 중성적인 성격이 잠재하고 있으며 활발한 성격의 소유자로 성실성과 통솔력도 있어 주위 사람으로부터 호감을 갖게 하겠다.

둘째, 손가락의 균형이 이루어져 활동적인 천품을 갖고 있으며, 매사를 처리하는 데 꾸밈없이 열심히 처리해 나가는 목적을 가지고 살아나가는 유형이다.

셋째, 그림에 표시한 ㉮의 금성 언덕의 살집과 ㉯의 제1화성의 언덕에서 말해 주는 것은 강력한 자신감과 야망이 넘치고 있으며, 어떤 일이든지 겁을 내지 않는다는 것이다.

넷째, 생명선과 두뇌선이 뚜렷이 독립된 상태에서 출발했고, 운명선의 세력이 두뇌선과 합쳐져 강력한 자기 활동을 암시해 준다. 손등의 사진에서 보여 준 것은 운동신경에 민감함을 읽을 수 있고, 심장이 튼튼하여 여장부라 해도 과히 손색이 없겠다. 그러나 내 자신이 베푼 것만큼 받을 복은 없으니 때로는 고독과 허탈에 빠지기도 쉬우니 명심할 일이다. 중년 부위에 커다란 변화운이 작용되겠고, 약간 놀라는 돌발사가 예상되니 주의하길 바란다.

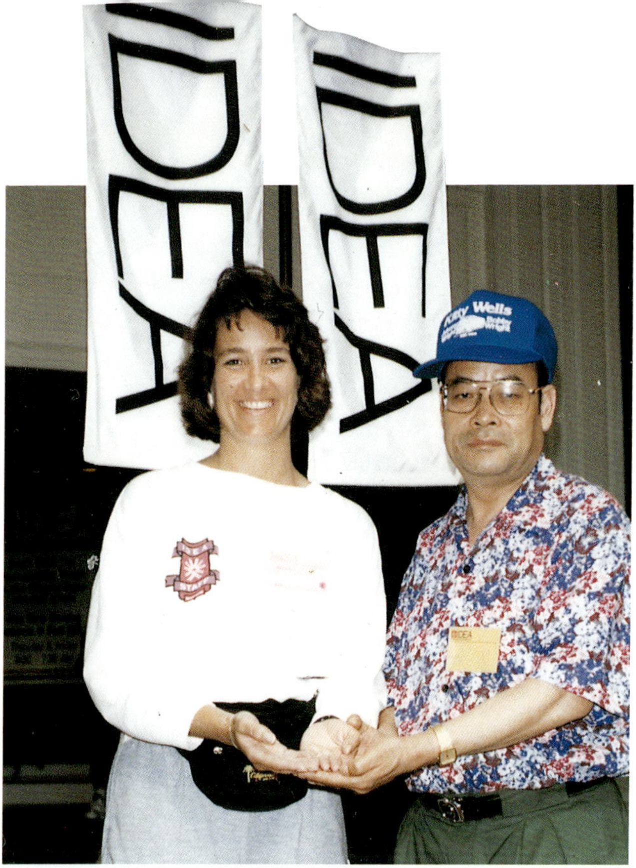

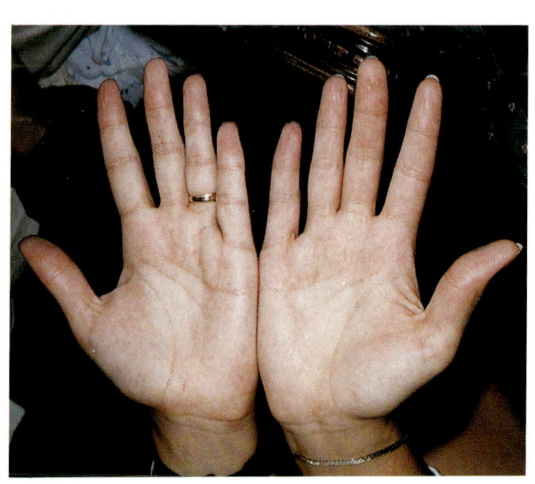

실례2

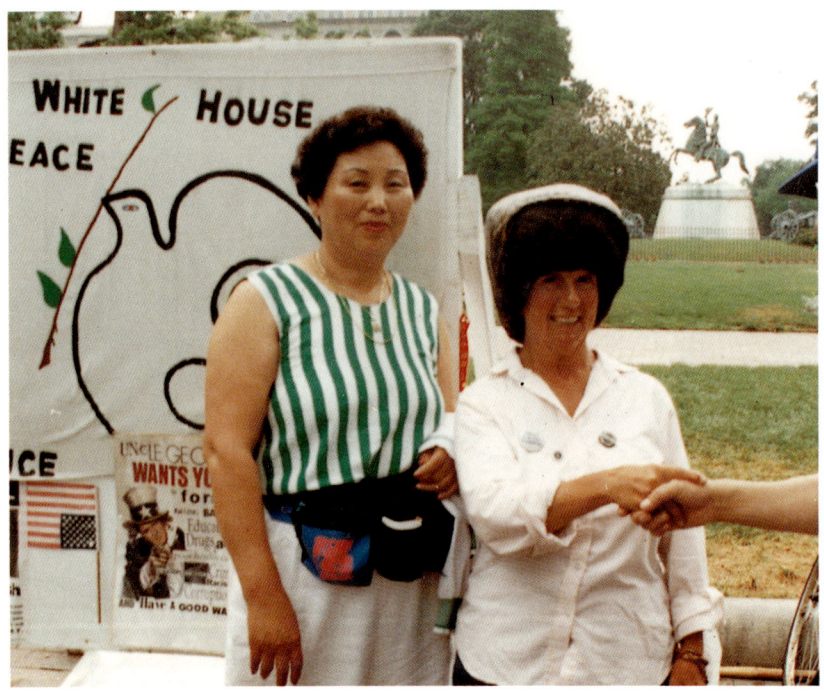

　　미국 UN 본부 앞에서 10년을 하루같이 노숙을 불사해 가면서 지구촌에서 핵무기 추방 운동으로 인류의 평화 증진을 위한 단독 데모를 계속하고 있는 터어키계 미국 여성을 만나 손을 살펴보았다.

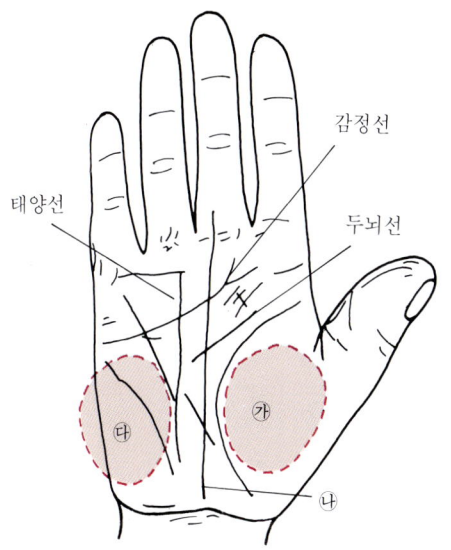

태양선　　감정선　　두뇌선

첫째, 그녀와 악수를 나누는 순간 손의 촉감에서 오는 감각이 강한 골격과 피부에 탄력있는 손바닥이었고 손의 전체적인 모양은 화형의 손으로 물질 세계보다는 정신 세계에 강한 내면을 읽을 수가 있었다. 한번 자기 집념에 도취하면 옆에서 벼락이 떨어져도 겁을 내지 않는 뚜렷한 개성을 갖고 있는 확실한 손이다.

둘째, 손가락의 마디마디가 강한 골격으로 형성되었고, 엄지손가락은 비교적 짧으면서 단강형의 모양으로 독립심이 강하다는 것도 한눈에 읽을 수가 있다.

셋째, ㈏의 운명선에 보조선까지 상당히 강하게 따라 올라가고 있는 것은 환경 적응력에 강한 의지를 나타내며 그 누구에게도 의지하지 않고 자기 집념에 살고 죽는다는 자기만의 멋을 지니고 있음을 암시하고 있다.

넷째, 손바닥의 살집 금성의 언덕은 강력한 생명선과 함께 단단하면서도 윤택한 기운이 ㈎의 부분에서 뚜렷이 나타나고 있었으며, 특히 ㈐의 월구 살집은 붉은 기운이 육안으로까지 나타나 있어 그녀의 강한 정신력을 엿볼 수 있다.

제7형 토목(土木)형의 손(노동자의 손)

손의 특징 손바닥이나 손등의 피부가 거칠고 손 전체에 강한 힘이 있고 손가락 마디가 발달되었다. 또한 손가락 끝이 넓적하고 피부의 색이 흑갈색이며 뻣뻣하여 유연성이 없는 것이 특징이다.

성격 비교적 말이 많은 것을 싫어하며, 힘껏 일하고 즐기는 데 보람을 느끼나 그렇다고 해서 결코 지능이 낮은 것과는 거리가 멀다. 생각은 단순한 편이며, 풍류와 낭만적인 성격을 가진 사람이 많다. 100명을 대상으로 조사해 본 결과 다음과 같다(노동자의 범주에는 기능 쪽이나 행정 능력을 가진 사람은 제외했음).

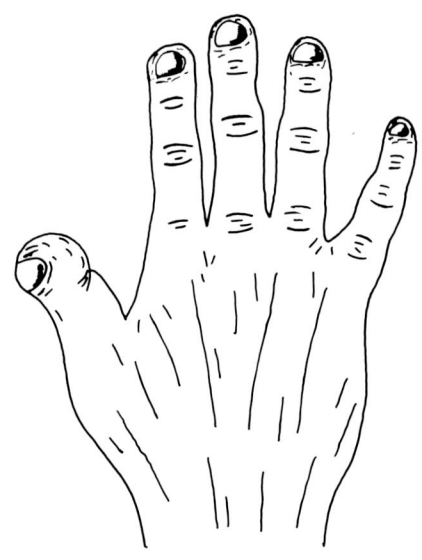

직업 구분	농업 계통	일반 노동	상업 계통	실업 계통	의과 계통	예술 계통	기타
백분율 (%)	40	30	10	5	·	2	13

실례1

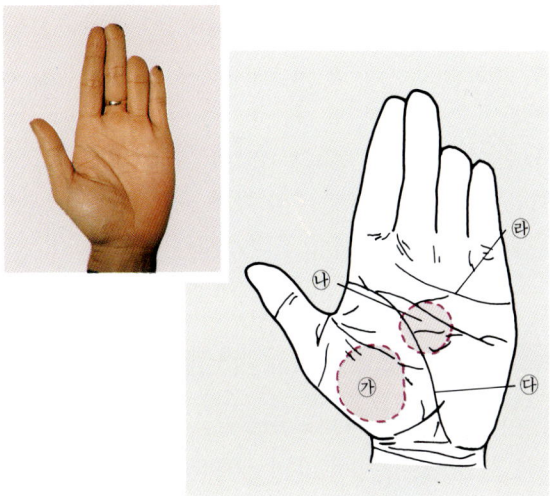

손재복(孫在福 남, 45세, 노동) 씨의 왼손을 살펴보면, 노동자의 손이면서도 금목형의 손에 가까워 시종일관 노동을 하면서 평생을 보낼 손은 아니다. 고유한 기능을 가지거나, 두뇌 회전으로 수준 높은 노동자급으로 보아야 할 것 같다.

첫째, 손 전체의 모양을 살펴보면 넷째 손가락인 약지가 후천적인 부상으로 인하여 마치 안중근 의사의 손과도 비슷한 형태의 손을 가졌다. 책임감이 강하고 섬세한 면에서는 대단한 관찰력을 가지고 모든 일을 처리해 가는 특징이 있는 손이다.

둘째, ㉮의 금성 언덕의 발달 상태로 보아 주위 사람들과 조화를 잘 이루어 나가며, 모든 일을 지적인 판단으로 처리하는 한편 끝마무리를 약간 소홀히 하는 경향이 있다.

셋째, ㉯의 부분인 중앙 평원에서 생명선과 두뇌선을 잇는 지선이 나와 있는 것은 어떤 일에 냉정하지 못하고 인정에 끌려 손해 보는 일이 생길 것임을 암시한다. 또한 주위 환경에서 오직 자기 스스로 홀로 서서 개척해 나가야 하는 고독감을 피부로 느낄 것이다.

넷째, ㉰의 생명선은 비교적 강한 모양으로 뻗어 있어 평소에 건강면에 있어서 항상 자신을 갖게 되나 과음은 삼가야만 좋을 듯하다. 왜냐하면 신장과 간장의 기능이 약한 체질이기 때문이다.

다섯째, ㉱의 감정선의 발달을 살펴보면, 상당이 높은 감수성을 가지고 있고 기능면에 일가견을 가지는 특징있는 손이라 하겠다. 다만 자기 자신도 모르게 지구력이 약하여 중단되는 경향이 있다. 일생을 통틀어 보면, 직업 변동이 자주 있게 될 것이 예견된다. 50대에 가면 대단히 발전할 수 있는 기회를 포착하겠다. 국내보다는 해외로 진출할 수 있는 기회를 갖는다면 더욱 좋겠다.

큰 손과 작은 손

큰 손

'큰 손'이라 하면 보통 그 사람의 체격에 비해서 손이 큰 것을 말한다. 체격에 비해서 큰 손을 가진 사람은 사물을 취하려는 욕망이 강한 편이나, 결심력이 약하여 유종의 미를 거두기가 힘들다. 얼굴에 비해서 코가 큰 사람은 코가 큰 모양에 따라 반드시 특징이 있으며 눈이 큰 사람과 입이 큰 사람, 귀가 큰 사람, 목이 짧은 사람, 목이 긴 사람 등도 각각 그 특징이 있게 마련이므로 손이 큰 사람도 팔과 몸 전체와 비교 관찰하는 일이 중요하다.

손이 큰 사람은 사물에 대한 의욕은 강하나 집착력이 약한 것이 특징이라 할 수 있는데 이것은 나무의 가지 모양과 비교해 봐도 좋은 예가 될 것이다. 곧 몸집에 비하여 가지가 지나치게 많이 발달한 나무는 그 몸체를 지탱해 나가기가 힘들다. 특히 감나무의 경우 가지가 부러지는 경우를 흔히 볼 수 있듯 사람에 있어서도 마찬가지로 균형 유지가 되지 않으면 반드시 부작용이 따른다.

이때 유의할 점은 그 손에 탄력이 어느 정도인가를 감지 식별해야 한다. 그리고 손바닥의 피부와 손금의 형성을 종합적으로 관찰해서 판단을 내려야만 정확한 평가가 나올 수 있다. 비교적 손이 큰 사람은 오히려 마음을 소심하게 갖는 경향이 많고 자기 방어에 허술하기 쉽다는 점도 참고하기 바란다. 사업에 있어서도 소규모의 사업과 단순한 사업에 적응도가 높다.

작은 손

손은 우리 몸의 촉각 신경이 민감하게 배치된 신체의 일부분이므로 아주 작은 손을 가진 사람은 사상이나 행동에 실천성이 없고 마음만 앞서 엉뚱한 행동을 하기 쉽고, 이론이나 공상력(空想力)을 많이 갖게 된다. 이때에도 손의 탄력성이 어느 정도인가에 따라 평가도가 결정되어야 한다. 또 어떤 일에 일시적인 성공은 할 수 있으나 오래 지속해 나갈 수 없게 되며 신경을 쓰지 않아도 되는 곳에 과민 신경을 써서 손해보는 일이 많다.

손의 살결과 빛깔

손의 살결은 인종에 따라 백색, 흑색, 황색 등으로 크게 구분 할 수가 있지만 여기에서는 같은 인종을 전제로 하여 통계 관측의 차원에서 분석해 본다면, 무엇보다도 중요한 변화의 주동체는 혈액 순환이라 할 수 있다. 피부의 빛깔과는 관계없이 혈액 순환이야말로 손의 혈색을 좌우하며, 건강 관계와 운세의 성쇠를 알 수 있다.

일반적으로 손의 살결이 거친 원인은 일을 많이 하기 때문이라고 말하는 경우가 많으나 똑같은 일을 한다 할지라도 소화 기능에 따라 건강에 차이가 있듯 손등과 손바닥의 혈색이 좋으면 손톱의 혈색도 좋고 그 사람이 현재 하고 있는 일에 대해서도 발전 향상을 예지할 수 있게 된다. 다만 손의 혈색을 보는 데는 평소의 상태 그대로를 보아야지 무거운 물건을 들고 있었던 바로 뒤에 보는 것을 합리적인 방법이라 할 수 없으며, 음주를 많이 한 상태에서도 삼가며, 특히 여자들의 경우 생리 기간을 피해서 수상을 관찰하는 것이 바람직한 방법이란 것을 알아야 한다.

좋은 손의 살결은 손을 만졌을 때 부드럽고 폭신폭신한 촉감을 주는 손으로 모든 기능이 잘 조절되는 사람으로 판단하면 틀림없을 것이다.

적색(赤色)의 손

손등과 손바닥이 붉은빛을 나타내는 손을 가진 사람은 손톱의 색도 붉은빛을 나타내게 되는데 이런 사람은 성격이 급한 다혈질(多血質)의 사람이다. 또 독선적인 성격으로 광포(狂暴)한 행동을 돌발하며, 변태성이 있어 협력 관계를 이루기가 어려운 사람으로 보아야 할 것이다.

황색(黃色)의 손

손바닥의 색이 황색을 나타냈을 경우 우선 그 사람의 간장(肝臟) 기관에 이상이 있음을 예견할 수 있으며, 활동력이 약한 사람으로 판단해도 무방할 것이다. 따라서 위장의 기능도 빈약하다고 판단할 수 있고, 신체 기능도 운동량과 몸의 상태가 맞지 않고 균형 유지가 되지 않는 상태이다. 따라서 그 사람이 이끌어 가고 있는 사업체도 내부적으로 침체되고 있음을 암시받고 있는 것이다. 이런 사람은 특히 음주에 대해서 철저히 절제하고 위장과 간장을 보호하는 데 각별한 요법을 써야 한다.

백색(白色)의 손

여기에서 말하는 백색의 손이란 전체적인 피부의 색을 말하는 것이 아니라, 핏기가 없는 손으로 손바닥의 피부 또한 윤기가 없는 상태를 가리킨다. 이러한 색상이 나타난 사람은 보혈(補血)에 각별한 신경을 써야 한다. 뿐만 아니라 신경 쇠약 증세까지 불러일으켜 불면증을 가져오고, 사소한 일에도 지나친 신경을 쓰게 되어 노이로제 현상을 초래하게 된다. 모든 기능도 저하되어 노쇠 현상까지 가져와 일에 의욕이 없어진다. 그러므로 추진하는 일도 건전한 방향으로 추진되지 않고 불안한 상태가 되기 쉬우니 이런 때는 규모를 축소시키거나 철저한 분업 관리에 각별히 신경을 써야 할 것이다.

청색(青色)의 손

청색이 나타난다 함은 의학적인 측면에서 볼 때 피부의 연약성에도 원인이 있지만 대체로 혈액 불순환의 원인에 의해서 육안으로 봤을 때 정맥 혈관이 두드러지게 표출되는 상태를 말하는데 이런 경우는 신경 과민증(神經過敏症)에 운동 부족으로 심신(心身)의 균형 유지가 되지 않는 사람이며 모든 일에 의욕을 상실하게 되며, 특히 여자들의 경우에는 냉병(冷病)과 자궁병에도 위험 신호를 받게 되는 확률이 많다.

이때 필자의 경험에 의한 또 하나의 특기 사항은 푸른색이 양쪽 눈 언저리에도 나타나면서 활력이 없고 불안한 심리 상태가 나타나며 지금까지 이끌어 오고 있는 사업의 내면에 취약점이 생겨 손실의 우려가 크다는 것을 암시받고 있으므로 철저한 점검과 재정비를 서둘러야 할 것이다.

손의 상부, 중부, 하부

손을 세 부분으로 나누는 것은 부분별로 각각 기능이 다르기 때문이며, 기능이 다르다는 것은 그 부분의 특징이 각각 구분되기 때문이다. 손가락 부분과 손가락의 뿌리에서부터 손바닥 중앙 부분과, 손바닥 중앙 부분에서 손목까지로 구분하여 살펴야 한다.

네 개의 손가락 부분을 상부(上部)라 하는데 지혜(智慧)의 말초신경이 배치된 아주 민감한 부위이다. 이곳이 발달한 사람은 정신면에서 지능 지수가 비교적 높고 임상 통계를 통해 대체적으로 학술 계통이나 종교 계통, 예능 계통에 진출하는 경향이 두드러진 상태로 나타났다. 여기에서 이곳의 발달이란 말은 첫째, 손 전체에 비교하여 손가락이 짧지 않고 둘째, 손가락의 움직임이 둔하지 않고 셋째,

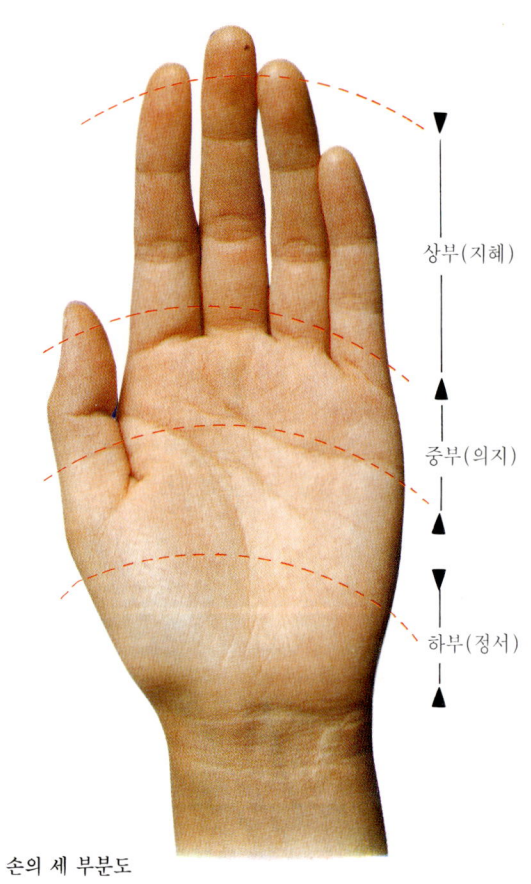

상부(지혜)

중부(의지)

하부(정서)

손의 세 부분도

상부 네 개의 손가락 부분을 가리킴. 정신적인 지능 지수를 관찰하는 곳.

중부 손가락의 뿌리에서 손바닥 중앙 부분을 가리킴. 실질적인 의지력을 직관할 수 있는 곳.

하부 손바닥 중앙 부분에서 손목까지를 가리킴. 의식주와 성(性)적 매력을 살필 수 있는 곳.

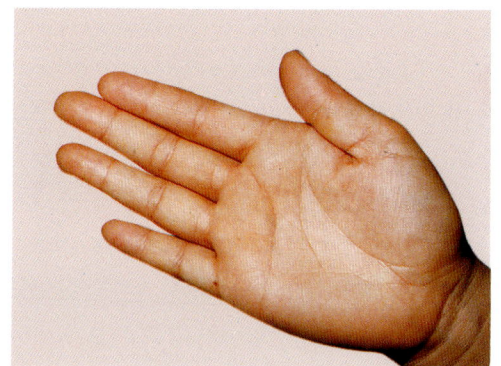

손은 부분별로 기능이
각각 다르므로 세 부
분으로 나누어 관찰
해야 한다.

손가락 마디마디가 단단하면서도 유연한 상태를 가리키는 것이다.

중부(中部)는 실질적인 의지력을 직관할 수 있는 부위이다. 이곳이 발달하게 되면 비교적 활동성이 강하고 진취성과 공격력이 강하여 모든 면에서 현실에 잘 적응하는 의지가 강한 사람이라 할 수가 있다. 이곳이 발달되었다 함은 첫째, 주먹을 쥐었을 때 손가락 뿌리가 단단한 모양을 가리키며 둘째, 손바닥의 피부가 팽팽하고 셋째, 이곳에 살집이 있고 단단한 상태를 말하는 것이다.

하부(下部)는 본능면(本能面)을 나타내는 부위인데 본능이란 의식주의 기본을 말하며 또한 섹스(sex) 및 섹스어필(sex appeal) 곧 성적 매력을 직관할 수 있는 부위이다. 이곳이 발달하면 모든 사고 방식이 본능적으로 저급하고 물질적인 이해 타산이 비교적 강하며 무엇이든지 자기 본위로 처리하려는 경향이 두드러진다. 이곳이 발달되었다는 상태는 첫째, 엄지손가락의 뿌리인 금성구의 살집이 크고 단단한 모양이고 둘째, 이곳의 살가죽이 비교적 두텁고 셋째, 손목이 굵고 단단한 상태를 가리킨다.

어느 쪽 손을 볼 것인가

남좌(男左) 여우(女右)란 말은 무슨 뜻인가. 동양 사상 의학(四象醫學)에서는 태음(太陰), 태양(太陽), 소음(少陰), 소양(少陽)으로 엄격하게 구분하여 우리들의 체질 형태를 식별하는데 남자는 왼쪽이 양맥(陽脈)이며 여자는 오른쪽이 음맥(陰脈)이기 때문에 이곳의 상태를 중점적으로 살피는 것을 원칙으로 해야 한다는 이론이다. 그러나 필자는 양쪽 손을 다 살펴야 한다는 주장인데 왜냐하면 선천성과 후천성이 있는 것이고 왼손잡이의 경우가 있기 때문이다. 왼손잡이의 경우는 두말할 나위 없이 왼손이 오른손보다 더욱 발달되어 있기 때문이다. 그러므로 손바닥의 살집 형태는 물론 선의 형태가 두드러지게 다른 모양으로 나타나게 되고 이에 따라 많은 차이점이 발생한다. 그래서 많이 사용하는 손을 위주로 살피는 것이 원칙이되 왼손잡이는 왼손 위주로 살피는 것이 원칙이란 점을 참작하기 바란다.

많이 사용하는 손을 적극적인 손이라 한다면 많이 사용하지 않는 손은 소극적인 손이라 할 수 있다. 소극적인 손을 숙명관(宿命觀)으로, 많이 사용하는 손을 운명관(運命觀)으로 구분하여 지금의 상태와 앞으로 전개될 상황을 예측하는 데 기준을 삼아 판단한다.

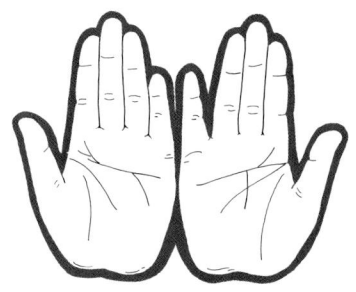

많이 사용하는 적극적인 손은 운명관으로, 많이 사용하지 않는 소극적인 손은 숙명관으로 구분하여 손을 살핀다.

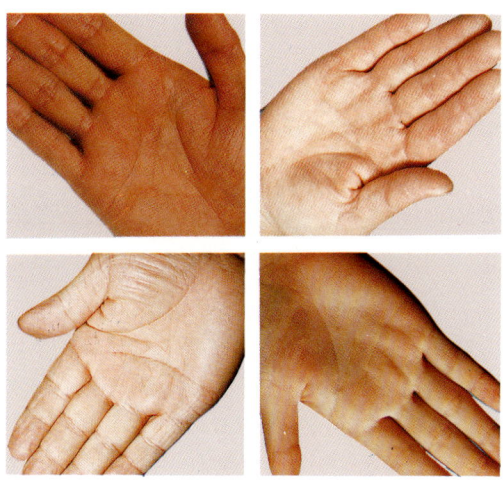

보통 손금을 볼 때는 많이 사용하는 손을 중심으로 살피는 것이 원칙이며 왼손잡이는
왼손을 중심으로 살펴야 한다.

손가락 관찰법

손가락의 기능

사람에게 있어서 양손이 없다고 가정할 때 어떻게 되겠는가. 새에게 양쪽 날개가 없는 것과 마찬가지로 참으로 답답한 현상이 초래되고 말 것이다. 물론 예외가 없는 것은 아니다. 동양화가가 된 오수미 씨가 그 예인데 그는 불행하게도 양팔이 없어 양발로 팔의 구실을 대용하면서 모든 기능을 발휘하여 화가로서 오늘에 이르고 있다.

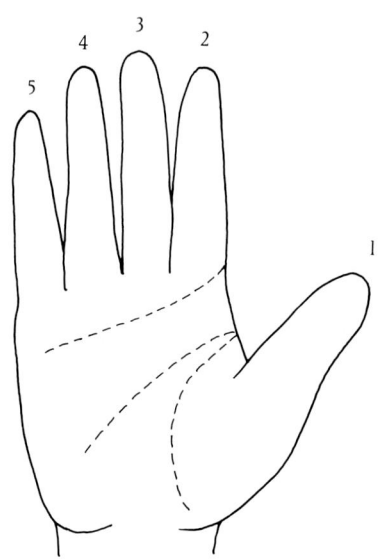

손가락의 명칭
1 엄지(拇指)
2 검지(食指)
3 중지(中指)
4 무명지(藥指)
5 새끼손가락(小指)

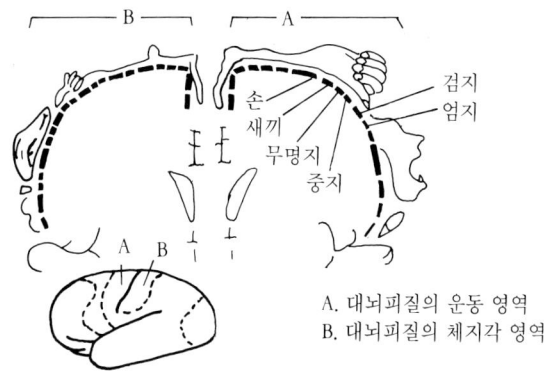

A. 대뇌피질의 운동 영역
B. 대뇌피질의 체지각 영역

대뇌피질의 손가락마다 분화된 모양

손가락은 하나하나 맡은 바 그 기능이 각각이며 그 특징도 뚜렷하다. 또한 손의 움직임은 쉬임이 없다. 이러한 손가락에 대한 명칭은 옆면 그림과 같다.

일본 외과학회(外科學會)의 통계 보고에 따르면 사람이 손가락을 움직이는 데 있어서는 그 근육 상태가 각기 다르며 특히 중지(中指)와 검지(食指)의 근육은 분화되었고 중지와 무명지(藥指)와 새끼손가락은 근육이 서로 연결되어 있는 경우가 많다고 지적하고 있다. 또 새끼손가락 하나만을 단독으로 움직일 수 있는 사람은 전체의 16.6퍼센트밖에 안 된다고 했다.

손가락의 운동에 대해서 노와레(Nooare)란 사람은 '도구와 인류의 발전'이란 논문에서 말하기를 "사람의 손이 아주 기묘하게 그리고 놀랄 만큼 재빠르게 움직일 수 있는 요소는 엄지를 다른 네 개의 어느 손가락과도 마음대로 접촉할 수 있는 데서 비롯된다"라고 했다. 또한 "손가락은 대뇌(大腦)의 명령을 받고 움직이는 것이며 대뇌피질(大腦皮質)의 운동 영역에서 지배하는 것이다"라고 하였다.

펜휠드(Fen Hild)란 의학자는 대뇌의 대뇌피질에서 손을 지배하는 부분은 대단히 크다고 했으며 손가락마다 따로따로 뇌피질도 각각 분화되었다고 도해 설명을 발표한 바 있다.

와덴(Wa Den)이란 의학자는 말하기를 "손은 보행의 기능으로부터 완전히 해방되었고, 손끝의 일을 해치우기에 아주 적당하게 변형되었다"고 했다. 손은 분명히 발에서 진화된 부분으로 볼 수 있으며, 우리 몸의 행동 기능을 가지고 있는 기관이라 할 수 있다.

아동 심리학자 하룩크(B. Hurlook)의 발표에 따르면 1세가 되면 연필을 잡는다. 그리고 머리에 씌운 종이로 만든 모자를 벗는다. 2세가 되면 상자를 열 수 있고 책장을 넘기며 비누에 못을 박을 수도 있다. 3세가 되면 옷을 벗는다. 그리고 밥을 혼자 먹는다. 책의 그림을 보고 장난감으로 그와 같이 흉내를 낸다. 4세 내지 5세가 되면 6센티미터가 되는 정사각형의 종이를 반으로 접어 삼각형을 만든다. 그리고 네모를 그릴 수 있다. 또 남이 알아볼 수 있는 그림을 그리고 가위도 사용한다.

이와 같이 성장 과정과 함께 손의 동작도 손가락의 작용도 달라지기 때문에 손바닥에 나타나는 선(線)도 달라지게 되는 것을 재인식해야겠다.

자기의 왼손을 책상 위에 편안하게 올려 놓고 엄지부터 차례로 위를 향해서 들어 보자. 이때 넷째 손가락을 올렸을 때 다섯째 손가락이 따라 올라오는 현상을 발견할 수 있을 것이다. 그래서 넷째 손가락과 다섯째 손가락의 운동 기능이 분화되어 있지 못한 상태라는 사실을 알 수 있다.

서구에서 인정받고 있는 과학적인 수상 연구가(手相研究家) 월프(Wolf) 씨는 엄지, 검지, 중지까지 세 손가락을 의식 부분으로 구분하고 넷째, 다섯째 손가락을 무의식 부분으로 구분했다. 또 손가락의 운동 작용에 따라 손바닥의 생명선(生命線), 두뇌선(頭腦線), 감정선

(感情線)의 윤곽이 구분된다고 규정짓고 있다. 그러므로 첫째 손가락과 다섯째 손가락의 성질은 전연 다르다고 하였다. 우리가 주먹을 쥐었을 때 가장 힘이 많이 주어진 손가락이 넷째와 다섯째 손가락인데 자기의 의사 표시를 할 때는 둘째와 셋째 손가락을 많이 사용하게 된다. 필자는 이런 작용에 대해서 능동적 감각 신경과 피동적 감각 신경의 두 가지로 구분해 본다.

최근 세계적으로 각광을 받고 있는 고려침구학회(高麗鍼灸學會)에서는 손바닥과 손등의 혈맥에서 몸 전체에 미치는 질병을 치료하는 수지침(手指鍼)으로 사회에 많은 기여를 하고 질병에 시달리는 환자들에게 희망을 안겨 주고 있어 손에 대한 관심도가 더욱 높아지고 있는 것은 참으로 다행한 일이다.

우리 몸의 모든 경락(經絡)은 손에 집중되어 있다는 학설에는 필자 역시 공감하고 있다. 의학적인 측면에서 좀더 세부적으로 고찰해 본다면 첫째 손가락의 분절 기능(分節機能)은 위(胃)와 대장(大腸), 폐(肺) 그리고 후두(喉頭)에 이르기까지 영향이 미치고 있으며 따라서 정력 기능(精力機能)과 생명력 등의 전반적인 건강 기능과도 밀접한 연관성이 있다는 사실을 강조한다.

둘째 손가락의 기능 연관은 가슴 부분과 뇌 부분 그리고 소화 기능, 호흡 기능과도 밀접한 관계가 있다. 넷째, 다섯째 손가락의 기능은 심장과 혈액 순환로(血液循環路) 및 다리 부분과 깊은 연관성이 있다. 미국 워싱턴대학 의학부장 J. 보닐카(Bonilca the M-anagement of the Pain) 씨는 말하기를 "넷째와 다섯째 손가락의 기능은 가슴과 하반신에 민감하다"고 말한 바 있다.

이처럼 손가락은 우리 몸의 중요한 기관과 각기 기능 연관이 이어지고 있으며 그 기능 구조가 다르면 다른 만큼 그 부분에 대한 특징도 다르게 된다.

엄지손가락을 보는 법

수상학에서는 무엇보다도 엄지(拇指)를 대단히 중요시하고 있으며 의학적인 측면에서도 엄지손가락은 대뇌 작용과 밀접한 관계에 있기 때문에 중요시하고 있다. 병자가 죽게 되는 순간은 이 엄지의 힘이 빠져 손바닥 안으로 꼬부라지는 상태가 되며 또한 탈진 상태에 있을 때도 마찬가지 현상이 나타난다. 그러므로 엄지손가락의 형태에 따라서 그 사람의 건강 상태와 개성을 알 수 있다.

엄지손가락의 형태별 특징을 7가지 유형으로 나누어 연구해 보기로 하자.

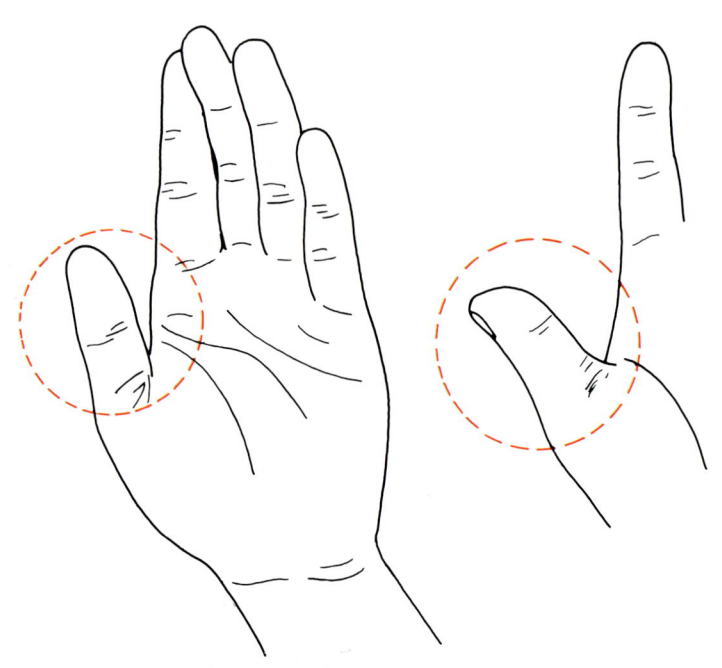

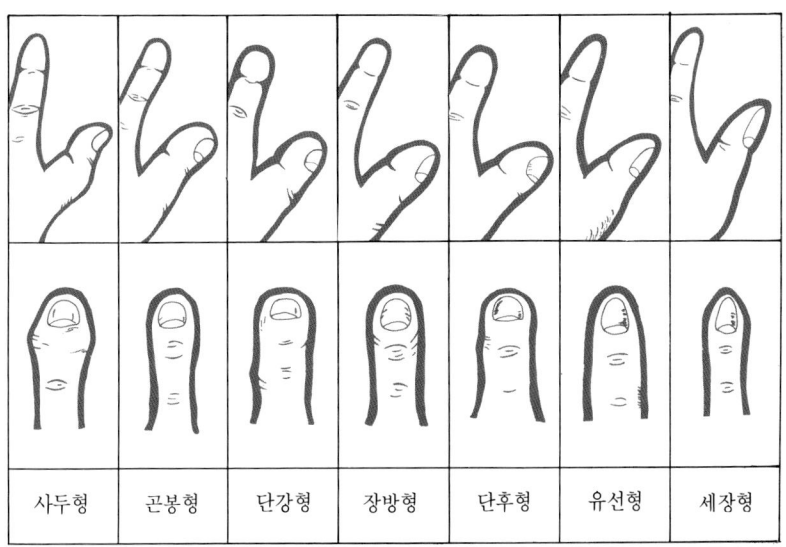

| 사두형 | 곤봉형 | 단강형 | 장방형 | 단후형 | 유선형 | 세장형 |

엄지손가락의 7가지 유형

제1형 사두형(蛇頭型) **엄지** 사두형 엄지손가락의 모양은 손가락 끝마디기 마치 뱀의 머리처럼 양쪽이 튀어나온 모양이며 뼈가 단단한 상태이다. 사두형 엄지손가락을 가진 사람의 특징은 자기가 노력해서 현상 유지하는 생활을 하게 되고, 노동이나 기능 계통에 종사하며, 성격이 난폭하여 이해 관계에 철저하며 강한 자립 정신을 갖고 있는 것이 특징이다.

제2형 곤봉형(棍棒型) **엄지** 곤봉형 엄지손가락의 모양은 손가락 끝마디가 부드럽게 생긴 형태이면서 근육이 약간 뭉쳐 있는 듯한 모양이다. 곤봉형의 엄지를 가진 사람의 특징은 투기심이 강하고, 매사에 재치가 있고 자기의 주장을 항상 강하게 어필하려는 경향이 뚜렷하다. 또한 스포츠에도 관심이 많고 여행을 즐기는 경향도 뚜렷하다.

제3형 단강형(短强型) 엄지   단강형의 엄지손가락 모양은 엄지손
가락뿐만 아니라 전체 손가락이 짧고 단단하면서 손끝이 약간 넓은
것이 특징이다. 대체적으로 단강형의 엄지를 가진 사람은 근면하면
서 활동적이나 자기가 아는 분야만 몰두하고 독립심이 강하고 활동
력도 좋은 노력가이다. 주로 공장에서 기계류나 토목 건축에 종사하
는 경향이 많다.

제4형 장방형(長方型) 엄지   장방형 엄지손가락 모양은 손가락
마디가 매끈하게 약간 길다는 느낌을 주는 모양이다. 이런 엄지를
가진 사람의 특징은 비교적 여러 방면에 적응할 수 있는 재량이
있으며 성격이 활발하면서도 이해력이 풍부하여 모든 사람들로부터
신뢰를 받는다. 남과의 타협에서 양보심이 많으며, 균형있는 처세를
하여 외교에 뛰어난 일가견을 갖고 정치 외교 방면이나 문화 사업에
도 잘 적응하는 경향이 많다.

제5형 단후형(短厚型) 엄지   모양은 이름 그대로 짧고 살집이
많으며 단단한 형태로 손가락 끝의 살집이 튀어나온 듯한 모양이
특징이라 할 수 있다. 이런 단후형 엄지인 사람은 비교적 융통성이
없고 아집이 강하여 모든 일을 자기 위주로 처리하여 밀어붙이는
경향이 많고 금전면에서는 벌 줄만 알지 쓸 줄을 모르는 유형의
사람이다.

제6형 유선형(流線型) 엄지   손가락의 마디가 육안으로 보면
잘 보이지 않을 정도로 미끈하여 손가락을 쭉 폈을 때 손가락 등이
활처럼 휘어 보이는 것이 특징이다. 이런 엄지를 가진 사람은 이상
(理想)을 추구하는 성격으로 정신적인 차원이 높은 사람이며 연구심
이 강하다. 모든 사물을 세밀하게 관찰하기를 좋아하고 실무적인
일보다는 구상과 계획하는 데 특유한 소질을 갖게 되며 연구가나
예술가, 학자들이 많다.

제7형 세장형(細長型) **엄지**　세장형의 엄지손가락은 손가락의 몸통 부분과 끝부분이 거의 평등한 모양으로 가늘고 긴 것이 특징이라 할 수 있다. 세장형의 엄지를 가진 사람은 감수성이 많으며, 미인에게 주로 많고 특히 예능 계통에 특유한 소질을 가지고 이 방면에 성공하는 사람이 많다. 비교적 감각 신경이 발달하여 외모를 깔끔하게 다듬는 습관이 있고, 때로는 자기 생각에 빠지거나 사색에 젖는 경향이 많으며 의타심이 많은 편이다.

엄지의 삼등분법

엄지손가락의 형태와 기능에 대해서 잠시 살펴보자. 손가락과 손바닥이 연결되어 있는 부분을 뿌리로 보고 이곳을 하부(下部)라 하고, 첫째 마디까지를 중부(中部), 마지막 끝부분을 상부(上部)로 구분한다.

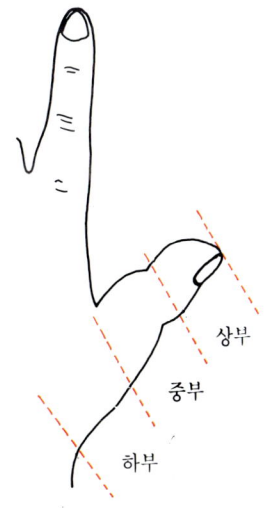

상부

중부

하부

엄지의 삼등분도　대뇌 작용과 밀접한 관계에 있는 엄지는 다른 손가락보다 더욱 중요시여긴다.

손가락의 근원이 되는 하부에서부터 그 기능 상태를 살펴본다면 이곳의 뼈마디가 발달하였고 근육이 단단한 상태의 사람은 모든 면에서 비교적 자신감이 넘치는 사람이며, 성적(性的)인 욕망도 강렬함을 암시해 주고 있다. 곧 이곳 뿌리 살집을 중심으로 타원형의 뚜렷한 선이 바로 생명선이며 이곳의 살집을 금성구라 한다.

중부의 마디와 살집을 관찰할 때 가장 중요한 것은 손바닥을 아래로, 손등을 위를 향하여 쭉 폈을 때 엄지손가락의 등이 타원형으로 젖혀진 모양이면, 비교적 성격이 원만한 편이며 감수성도 강하다. 또한 풍류가 있는 성품이며 융통성이 있어 외교 능력과 사교 능력이 있음을 암시해 준다.

상부가 손바닥을 향하여 굽은 모양일 때는 비교적 융통성이 없고 자기 자신의 주관으로 모든 일을 처리하려는 독선적인 성격이 강한 반면 남에게 의지하지 않으려는 독립 정신과 자립 정신이 강한 사람이라는 것을 암시해 주고 있다. 엄지손가락을 펴서 직선형으로 반듯한 모양이면 강유상박(剛柔相博)을 겸한 지적인 성품으로 매사에 무리한 일을 피하고, 균형을 유지하며 심사숙고하는 사람이다. 정신적으로나 물질적으로 빠져들지 않고, 한 가지 일을 처리하는 데 세 번 이상 생각하는 세심한 면도 지니고 있는 사람이다.

검지손가락을 보는 법

두번째 손가락을 식지(食指) 또는 검지라 한다.

검지가 다른 손가락보다 길고 탄력이 있는 사람은 독특한 지배력이 있고 또 자존심과 명예욕이 비교적 강한 사람이다. 그 까닭은 엄지손가락과 중지손가락 사이에 위치하여 엄지손가락을 보좌하는 역할을 주로 하는 동시에 그 사람이 의사 표시를 할 때나 물건을 강하게 잡을 때도 강한 힘의 보조를 할 뿐만 아니라 엄지 다음이라는 우월감도 작용하여 그와 같은 영향력을 갖게 되는 것이다. 또

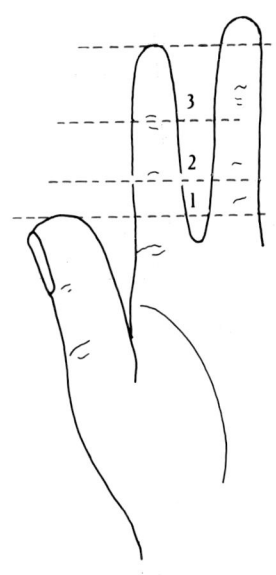

검지 의사 표시나 힘의 보조 역할을 하며 건강과 밀접한 관계에 있다.

검지손가락은 우리 인체의 위비장맥(胃脾藏脈)이 통과하고 있기 때문에 소화 불량 때 또는 차멀미를 할 때는 이곳을 통과하는 경락을 다스리면 즉시 효과를 보게 되는 것이다.

　이와 같이 의학적인 측면에서도 중요한 역할을 하고 있기 때문에 둘째 손가락인 검지와 엄지손가락의 운동은 우리들의 건강과 참으로 밀접한 관계를 맺고 있다. 그러므로 호두알을 굴려 손가락과 손바닥을 자극하는 지압 운동은 대단히 중요한 건강 요법이 된다.

중지손가락을 보는 법

가운데 손가락인 중지(中指)가 검지손가락과 무명지손가락에 비해서 월등하게 긴 사람(안중근 의사의 손의 그림 참조)은 대단히 뚜렷한 개성을 가진 도도한 이상주의자라 할 수 있다. 항상 뚜렷한 명분있는 일이라면 적극적인 행동을 하며 강한 의지가 잠재하고 있음을 암시해 주고 있다. 중지가 다른 손가락에 비해서 월등하게 길다는 것은 일반적인 표준을 벗어나 마치 산(山)으로 비교한다면 한가운데 봉우리가 우뚝하게 솟아 있는 것과 같은 형태로 독특한 개성을 가지고 있음을 상징하는 것이라 하겠다. 그러므로 앞으로 나가려는 진취력이 강한 유형이다.

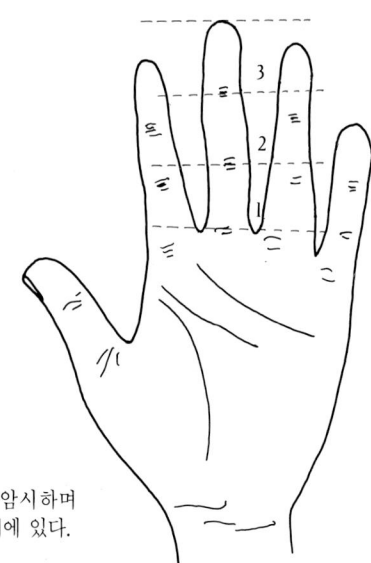

중지   행동과 의지를 암시하며
건강과도 밀접한 관계에 있다.

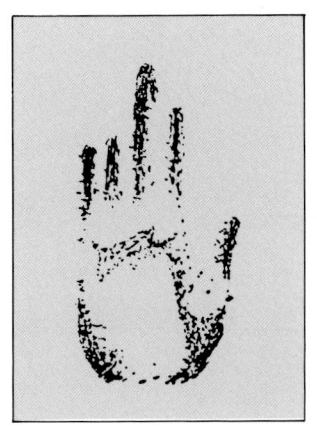

안중근 의사의 왼손 다른 손가락
보다 월등하게 긴 가운데 손가락
을 가진 사람은 뚜렷한 개성을
가지고 진취력이 강한 유형이
다.

일반적인 손은 검지손가락과 무명지손가락보다 약간 길며 손을
관찰할 때에는 손가락의 굵기와 살집과 뼈의 강도(強度)를 참작하여
그 사람의 건강 상태를 살펴야 한다. 또한 심장, 신기맥(腎氣脈)과
임기맥(任氣脈)과 독기맥(督氣脈) 등이 통과하고 있어 중심 역할을
맡고 있기 때문에 이 점을 유의하면서 잘 관찰해야 할 것이다.

무명지손가락을 보는 법

넷째 손가락인 무명지(藥指)손가락은 앞에서 말한 것처럼 피동적
감각 신경이 배치되어 있으며 가운데 손가락을 보좌하고 있으므로
만일 중지보다 길다면, 감수성(感受性), 예술적인 소질과 재능이
뛰어난 사람이란 것을 암시하고 있다. 미적(美的)인 정서와도 밀접
한 관계가 있는 까닭에 손가락에 반지를 낄 때에도 이곳 무명지손가
락에 끼게 된다. 또 무명지와 새끼손가락이 비슷한 모양으로 발달되
어 있으면 이상을 추구하는 힘이 강하고 주위 환경을 꾸미는 데
특별한 신경을 쓰게 되는, 내실보다 외형에 깊은 관심을 갖는다.

무명지 감수성과 예술성 그리고
미적인 감각과 관계가 깊다.

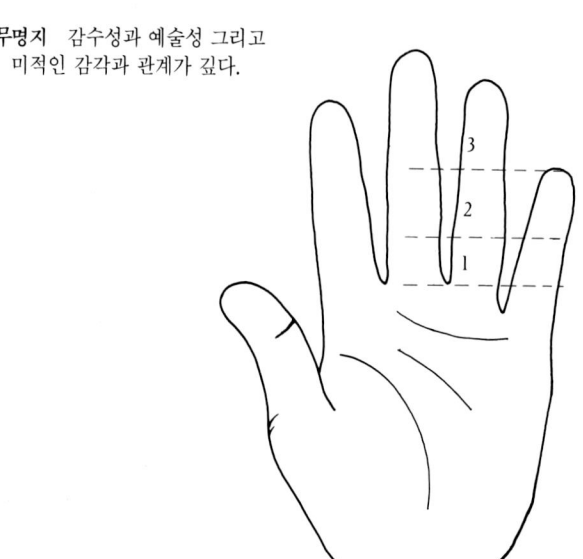

　무명지손가락에는 소장기맥(小腸氣脈)과 심기맥(心氣脈)과 삼초
기맥(三焦氣脈)이 통과하고 있어 기(氣)가 허(虛)해 있을 때는 이곳
무명지손가락의 기맥을 다스리면 건강에 크게 도움이 된다. 기가
허해서 모든 일에 의욕이 없거나 몸이 무겁거나 정신이 맑지 못한
사람은 이곳 무명지손가락 끝을 약간 아플 정도로 꾹꾹 좌우 사방으
로 눌러 기맥을 자극하면 침을 맞는 효과를 얻게 된다는 사실을
알아 누구나 실천해 보도록 권하고 싶다.

새끼손가락을 보는 법

다섯째 손가락인 새끼(小指)손가락은 무명지손가락과 함께 감각 신경이 크게 작용하고 있다. 이 새끼손가락이 반듯하게 단정한 모양이면, 그 사람의 성품도 단정하고 모든 면에서 재능을 갖춘 사람이란 것을 암시해 주고 있다.

그림과 같이 무명지와의 간격이 떨어져 있고, 짧은 새끼 손가락을 가지고 있으면 약간 변태적인 성격이 있고, 자기의 감정을 잘 소화시키지 못하는 경향이 많다. 무명지손가락과의 간격이 붙어 있는 사람은 학문 분야에 상식이 풍부한 사람이 많으며, 의학적인 측면에서 볼 때, 방광기맥(膀胱氣脈)과 비기맥(脾氣脈)과 위기맥(胃氣脈)이 통과되고 있어, 이곳을 알맞게 자극하고 운동을 한다면 건강에 많은 도움이 될 것이다. 새끼손가락은 손바닥 월구(月丘)의 살집을 형성하여 정신적인 분야와 사고력을 측정하는 데도 중요한 계량기 역할을 한다고 볼 수 있다. 월구는 수상학에서 중요한 점이 많으므로 뒤에서 상세히 살펴보겠다.

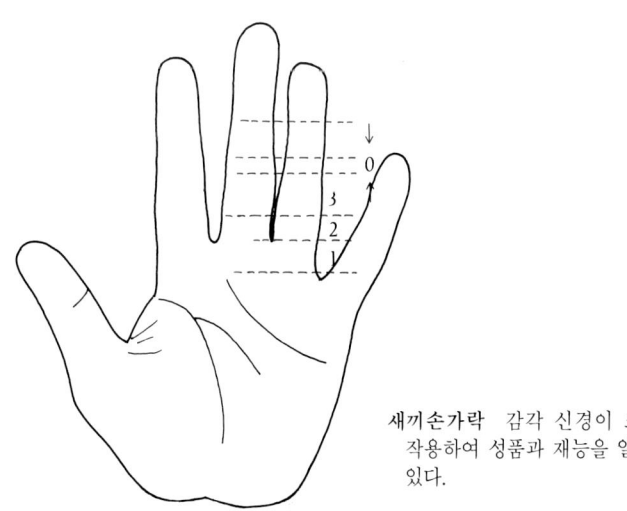

새끼손가락 감각 신경이 크게 작용하여 성품과 재능을 알 수 있다.

손바닥의 아홉 언덕

   수상 연구에 있어 손바닥은 대단한 비중을 차지한다.

   손바닥은 천태 만상의 형태로 구분할 수 있으나 손바닥의 언덕 살집은 크게 나누어 옆면 그림과 같이 아홉으로 구분하여 풀이하게 된다.

   우리가 보통 사람을 대할 때 그 사람의 첫인상이 중요하듯 우선 악수를 했을 때의 촉감과 감각이 작용되기 마련이다. 손의 촉감이 딱딱하다, 부드럽다, 힘이 있다, 힘이 없다 등의 느낌은 손바닥 살집의 형태에 따라서 달라지는 것이므로 손바닥의 언덕 살집에 대한 연구는 참으로 연구 가치가 있는 분야라 할 수 있을 것이다.

   어떤 사람의 모든 상태를 추정하는 데는 첫째 그 사람의 손 모양, 둘째 그 사람의 손가락의 형태, 셋째 그 사람의 손톱 형태, 넷째 그 사람의 손바닥 살집 형태, 다섯째 그 사람의 손바닥 선의 형태, 여섯째 손 전체의 혈색 등의 순서로 살핀다면 그 사람의 얼굴을 보지 않아도 체질과 개성 그리고 건강 상태, 소질, 직업, 적성 등을 쉽게 파악할 수 있다.

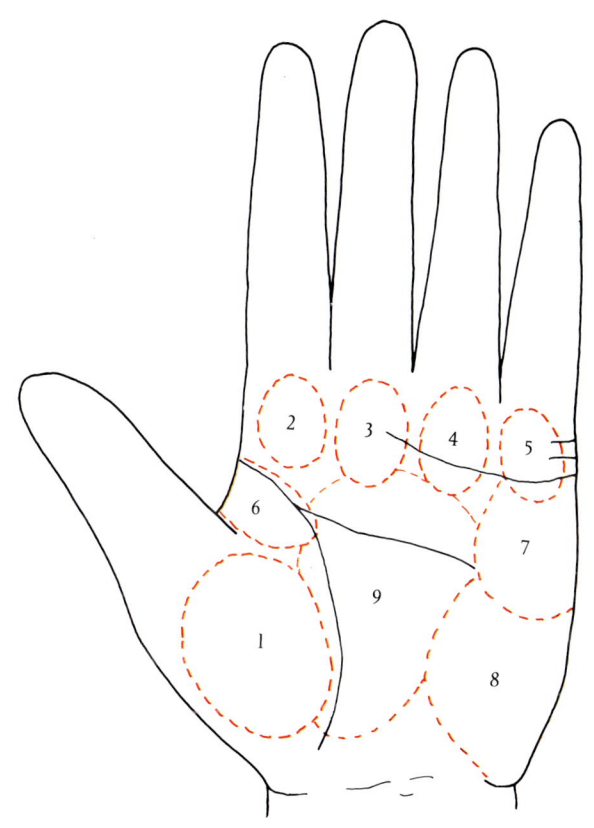

1 금성 언덕
2 목성 언덕
3 토성 언덕
4 태양 언덕
5 수성 언덕
6 제1화성 언덕
7 제2화성 언덕
8 달 언덕
9 중앙 평원

손바닥의 아홉 언덕 명칭

금성 언덕

금성의 언덕(金星丘)은 엄지손가락의 뿌리가 되는 살집을 가리키는데 이곳은 손의 기능 가운데 가장 힘을 많이 쓰는 부분이다. 의학적인 측면에서 볼 때에도 엄지손가락을 통과하는 비위기맥과 간담기맥(肝膽氣脈)과 방광기맥의 혈(穴)이 작용하여 우리 몸의 건강을 좌우하는 비중있는 곳이다. 이곳의 살집 모양의 형태와 탄력성과 선의 작용 등을 깊이 관찰한다면 그 사람의 건강 상태는 물론이고 정력 상태와 사업의 진행 상태까지도 정밀하게 관찰할 수 있다.

이곳의 살집을 활력있고 탄력있게 하려면 운동 요법과 식이 요법으로 위비장을 튼튼히 하고, 간장과 방광의 기능도 원활하게 이루어질 수 있도록 과음을 피하고 자기의 기능 조절을 알맞게 해나가야 할 것이다. 금성의 언덕을 살필 때는 색상에도 유의해야 한다.

목성 언덕

목성 언덕(木星丘)의 살집은 검지손가락 뿌리 부분의 살집 그림㉮의 부분을 가리키는데 이곳은 독립심과 지배력 그리고 명예욕도 나타내며 자존심과도 관계가 깊은 곳이다. 이곳이 발달했다 함은 살집에 탄력이 있고 윤택한 빛깔이 나타나 있는 상태를 가리키며, 다른 부분의 발달 상태와 복합적으로 비교, 관찰해야 함을 유의하기 바란다. 이곳이 발달하면 강력한 활동력과 실천력이 있음을 암시하는 것이며 명예욕과 지배욕도 강한 사람이라 할 수 있다. 정치가나 고급 군인, 경찰, 법관 등의 손에서 많이 찾을 수 있으며 이곳은 간기맥과 폐기맥, 심기맥이 통과하는 곳이므로 건강과도 밀접한 관계를 갖고 있는 곳이다.

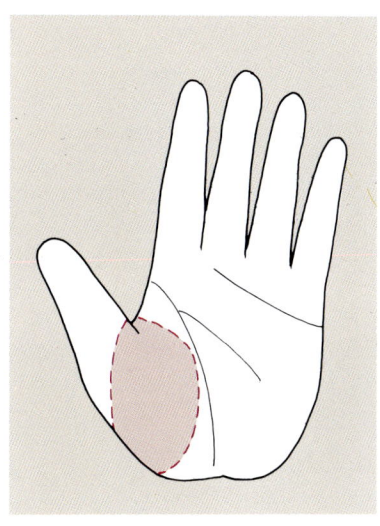

금성 언덕 건강, 정력, 사업의 진행
　상태까지도 알 수 있는 중요한
　곳이다.

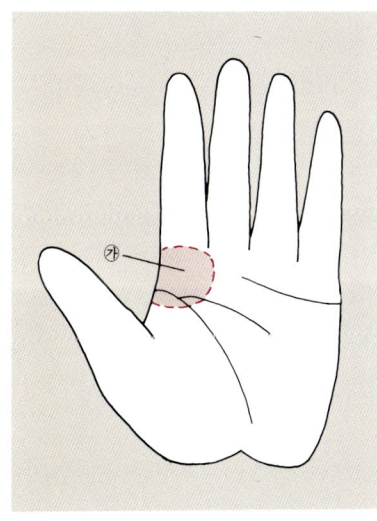

목성 언덕 독립심, 지배력, 명예
　욕, 자존심 등과 관계가 깊은 곳이
　다.

토성 언덕 신비의 세계, 공공 기관과의 관계, 연구심, 물질의 여유 등을 미루어 짐작할 수 있는 곳이다.

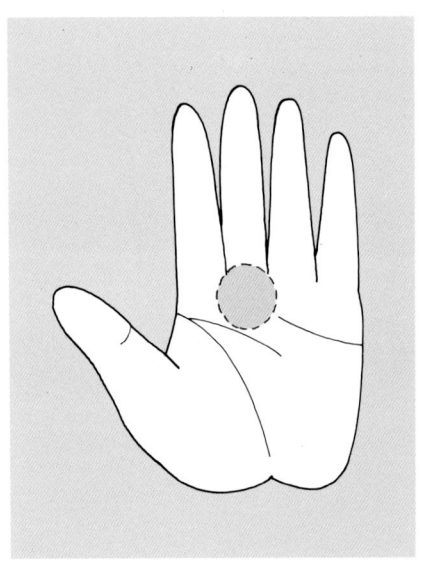

토성 언덕

　중지의 뿌리 부분 곧 무명지와의 사이까지도 해당되는데 이곳의 살집 모양과 탄력의 강도, 빛깔 등을 참작하여 예견(豫見)할 수 있는 것은 공공 기관(公共機官)과의 관계, 신비 세계의 탐구 또는 연구심, 물질의 여유 곧 재물을 미루어 짐작할 수 있다. 이곳 살집의 빛깔은 붉은색이 나타나 있는 것이 최상의 상태라 할 수 있으며 흰색이나 청색, 적색 등의 색은 불리한 색상으로 판단하게 된다. 또 이곳은 간기맥과 임기맥과 비기맥이 통과하는 곳으로 건강 상태와도 밀접한 관계가 있다.

태양 언덕

무명지 뿌리 부분의 살집(太陽丘)을 가리킨다. 이곳은 미적 감각과 예술적인 소질 및 풍류감과 매력 등을 알 수 있는 중요한 부위이다. 모든 사람들이 거의 손가락을 장신구를 사용하여 장식하는 데 무명지손가락을 이용하고 있는 것도 심리적으로 깊은 관계가 있다. 이곳이 발달한 사람은 매력이나 예술적인 감각도 뛰어난 사람이 될 것이다. 그러나 뒤따르는 것은 금전의 낭비라 할 수 있으며 약간 사치성이 있는 사람이라는 것을 암시해 주고 있다. 이곳은 또 심기맥과 비기맥, 폐기맥이 통과하고 있는 곳으로 이곳을 자주 눌러주고 무명지손가락에 자극을 주면 건강에 상당한 도움이 된다.

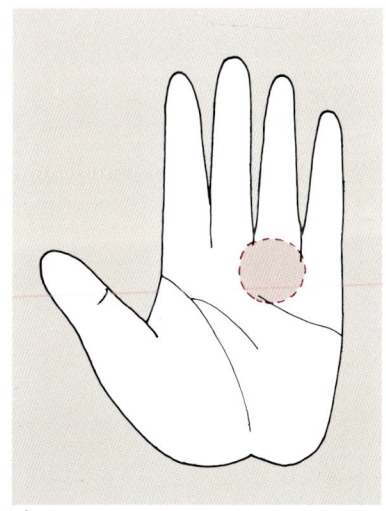

태양 언덕 미적 감각과 예술적인 소질, 매력 등을 알 수 있는 곳이다.

수성 언덕

  수성 언덕(水星丘)의 살집은 무명지의 손가락 뿌리 부분과 새끼손가락 뿌리 부분에 해당되는데 이곳은 보조 능력을 참작하는 데 큰 비중이 있는 곳이다. 또한 결혼궁과 자손 관계, 경제력과도 직결되는 곳이다. 이곳이 발달한 상태를 보는 것은 살집에 탄력이 있고 윤기가 있는가 없는가를 살피며 다른 부위와 비교 관찰하는 일이 무엇보다도 중요한 점이라 하겠다. 또 이곳은 심기맥과 위기맥과 비기맥이 통과하는 곳으로 건강과 직결되는 측면에서도 예의 관찰해야 할 것이다.

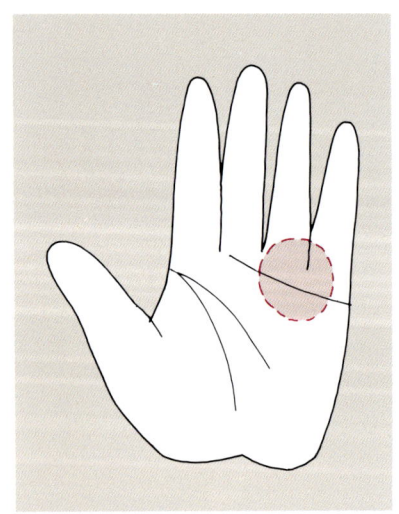

수성 언덕 결혼궁, 자손 관계, 경제력과도 밀접한 관계가 있는 곳이다.

제1화성 언덕(火星丘)

제1화성 언덕의 살집은 목성 언덕의 아래와 금성 언덕 사이에 있는 살집을 가리킨다.

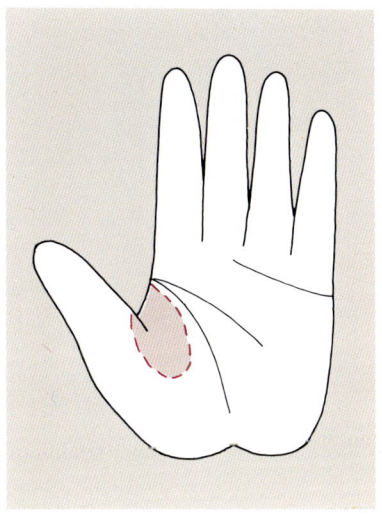

제1화성 언덕 심장의 건강 상태나 야망 등과 관계가 깊은 곳이다.

이곳이 발달하면 강력한 야망과 공격력을 암시해 주고 있는데 이것은 어떤 물체를 잡았을 때 이곳의 근육에 많은 자국이 남게 되고 살집이 발달하게 되는 까닭이다. 한편 장남(長男)임도 이곳 살집의 상태를 보아서 예지(豫知)하게 된다. 또한 이곳은 심기맥이 통과하고 있어 심장의 건강 상태와 밀접한 관계가 있는 곳이다. 살집의 발달이란 탄력의 상태와 붉은 빛깔의 상태를 표준으로한다.

제2화성 언덕

제2화성 언덕의 살집은 새끼손가락 밑에서 발단되는 감정선과 두뇌선 끝의 사이 곧 수성 언덕 밑의 살집을 가리킨다. 이곳이 발달한 사람은 남다른 지구력(持久力)과 대담성을 갖는다. 달의 언덕과 함께 이곳의 살집은 태권도에서 무수히 단련을 하면 격파력을 갖게 되며 차돌을 철판 위에 올려 놓고 그 차돌을 깨부수는 일은 우리가 자주 볼 수 있는 일이다. 이곳은 위기맥이 통과되는 곳으로 이곳을 단련하면 위장도 아울러 튼튼해지는 것은 당연하다.

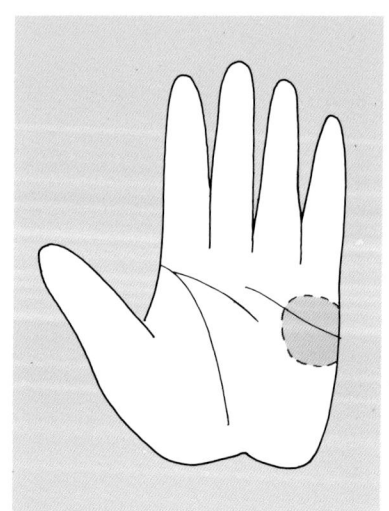

제2화성 언덕 지구력과 대담성을 알 수 있는 곳이다.

달 언덕

달 언덕(月丘)의 살집은 제2화성 언덕의 아랫부분이며 무명지손가락과 새끼손가락 뿌리 밑부분을 가리킨다.

이곳은 두뇌선 끝이 통과하거나 머물게 되는 곳으로 두뇌선이 어느 상태에서 이곳에 나타나 있느냐에 따라 해석이 달라진다. 이곳이 발달한 사람은 정신력의 차원이 높다는 것을 암시해 주고 있으며 상상력과 추리력, 연구력이 강하게 작용된다고 판단할 수 있고 낭만적인 경향도 많다. 항해사, 운동인 등의 손에서 이곳이 발달한 사람들을 많이 볼 수 있다.

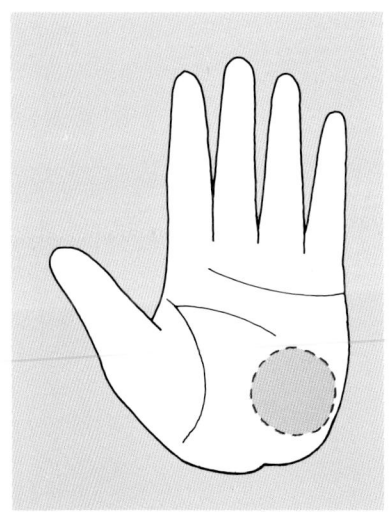

달 언덕 정신력, 추리력, 상상력 등을 알 수 있는 곳이다.

중앙 평원

　중앙 평원(中央平原)의 살집은 손바닥 한가운데 부분을 가리키는데 이곳 자체에서는 힘의 작용을 찾기란 어렵다. 아무리 힘이 센 사람이라 할지라도 이곳에 계란 하나를 넣고 양손을 맞대고 힘껏 눌렀을 때 그 계란 한 개를 깰 수 없는 곳이며 이곳은 손등과도 밀접한 관계가 있으므로 손등을 반드시 참작해야 한다

　이곳은 두뇌선과 운명선이 통과되는 곳으로 의지력과 깊은 관계가 있으며 또한 비기맥과 임기맥, 신기맥이 통과하는 곳으로 긴장하거나 놀랐을 때는 손바닥에 땀이 나게 되는 것도 기맥과 연관이 있기 때문이다. 심장이 강하고 담대한 사람은 이곳의 살집이 특히 발달한 사람임을 암시해 준다.

　기색(氣色)에 유의하여 담홍색의 빛깔이 나타나 있을 때가 최상의 기분이 유지되는 상태이고, 백색이나 청색, 흑색이 나타나 있을 때는 신장이나 간담에 이상이 있는 것이므로 정신적으로 허약해진 상태라고 판단할 수 있다.

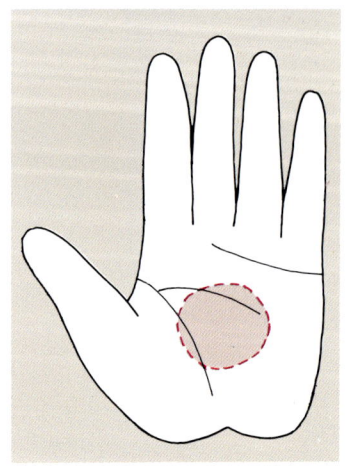

중앙 평원　의지력과 관계가 깊으며 정신력이나 신장, 간담, 심장 등의 건강 상태와도 밀접한 관계에 있다.

손바닥과 선(線)의 연구

손의 연령별 구분법

수상을 관찰함에 있어서는 연령에 따라 손바닥의 생명선과 운명선을 동시에 잘 관찰해야 한다. 마치 측량사가 한점 한점의 척도에 따라 선을 긋듯이 정밀, 정확하게 구별해 나가야 할 것이다.

연령별 구분법에 대해서는 연구인 가운데 구구한 설이 분분하나 그림과 같이 구분하기까지는 필자 자신이 30년 동안 10만 명 이상을 상대로 조사한 끝에 확정한 치수라는 것을 부언하면서 독자 여러분의 깊은 관심과 연구가 뒤따르기 바란다.

생명선의 연구

생명선과 두뇌선과 감정선은 수상 연구에 상당한 비중을 차지하는 3대선인데 이 가운데서도 생명선은 우리들의 건강 상태와 직결되기 때문에 더욱 큰 비중을 차지한다.

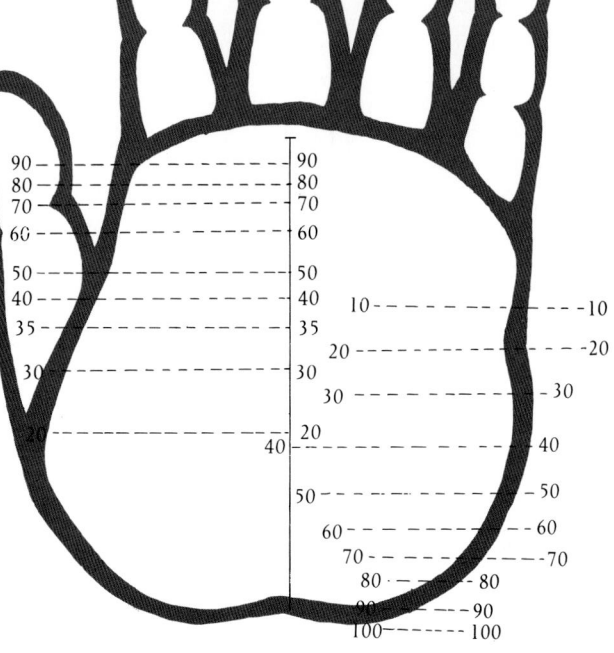

손의 100세도

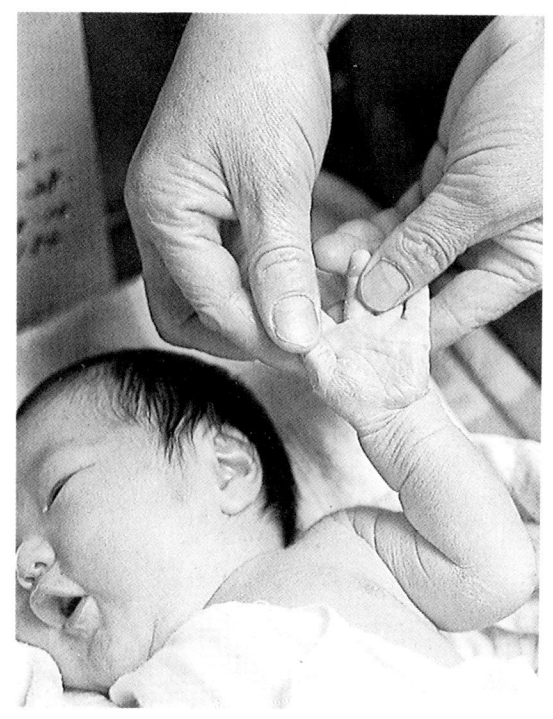

태어난 지 49일 된 아기의 왼쪽 손에 생명선과 두뇌선, 감정선이 뚜렷하게 나타나 있음을 볼 수 있다.

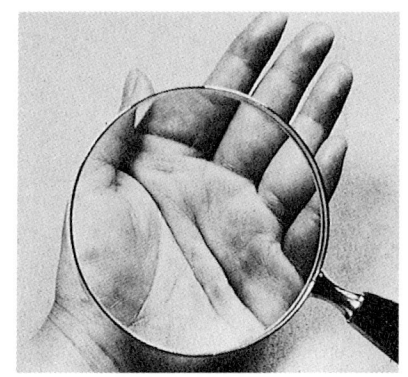 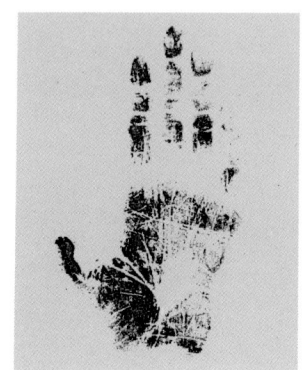

사람의 손(왼쪽)과 침팬지의 손(오른쪽) 사람은 생명선과 두뇌선, 감정선이 뚜렷한 데 비해 침팬지는 두뇌선이 전혀 없고 그냥 가로로 그어진 선이 많다.

생명선은 엄지손가락과 검지손가락 사이에서 출발하여 엄지손가락의 뿌리를 휘감고 손목을 향해서 뻗은 선을 가리킨다. 침팬지(원숭이류)의 손과 사람의 손을 비교 관찰하면서 생명선에 대한 연구를 해보자.

　　사람의 손은 검지손가락과 새끼손가락을 비교할 때 그 길이의 차가 다르며, 사람의 엄지손가락은 대부분 굵은 편이나 침팬지의 엄지손가락은 곡선으로 굽어 있는 상태이다. 사람 손목뼈의 수는 8개로 되어 있는 데 비해 침팬지의 손목뼈는 9개로 되어 있으며, 사람은 엄지손가락의 근원이 되는 금성구가 발달되어 있으나 침팬지의 손바닥은 가로로 그어진 금이 많아서 두뇌선이 전연 보이지 않는다.

　　사람의 생명선과 두뇌선과 감정선은 모체에서 생후 18주가 되면 분명히 식별할 수 있다고 미국의 생리해부학자인 W.존즈 씨는 밝힌 바 있다. 이와 같이 모태에서부터 생기는 생명선은 건강 및 수명의 장단에까지 영향을 미치게 되므로 우리가 관심깊게 연구할 분야이기도 하다.

생명선과 두뇌선의 관계

수상 연구에 있어서 무엇보다도 선의 연구가 참으로 흥미롭고 다양한 연구가 뒤따르는 분야라 할 수 있다.

1 생명선
2 두뇌선
3 감정선
4 운명선
5 제2생명선
6 태양선
7 금성대
8 결혼, 자녀선
9 제1영향선
10 제2영향선
11 건강선

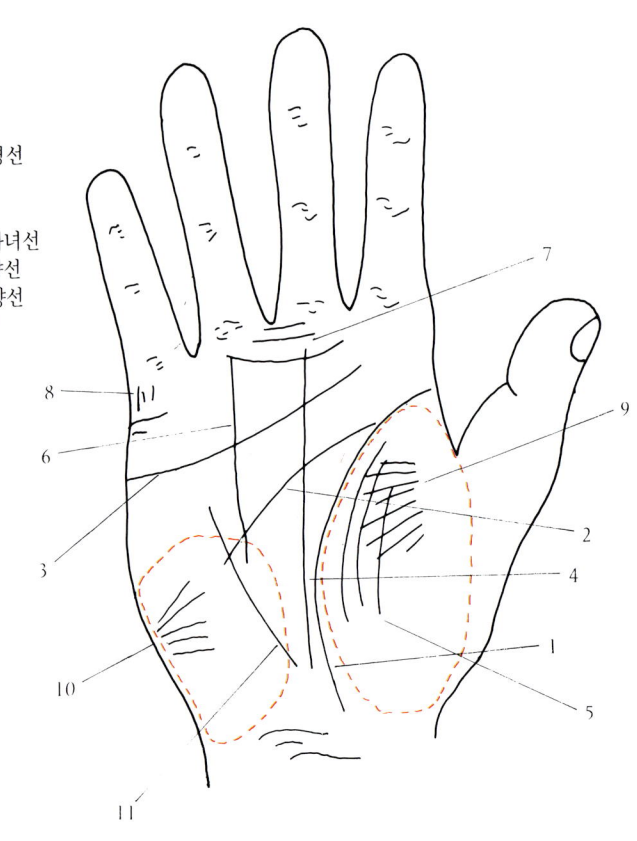

손바닥 각 선의 명칭

손은 바로 대뇌(大腦)의 명령을 착실히 수행하는 행동 기관이요, 몸을 움직이는 차의 앞바퀴 역할을 하기 때문에 만물을 지배할 수 있는 영장(靈長)이란 명칭이 사람에게 붙었다. 아무리 좋은 기계로 고성능 부속으로 조립된 자동차라 할지라도 아니 컴퓨터 우주용 자동차라 할지라도 그 앞바퀴의 기능이야말로 막대하다.

차의 앞바퀴가 사용한 정도에 따라 그 상태가 다르듯 손에 나타나는 선도 사람에 따라 천태만상으로 다르게 나타나고 있으니 이에 대한 연구도 막대한 비중이 있다. 원숭이도 비록 앞발을 손으로 사용하고는 있으나 사람과 같이 지혜롭고 다양하게 활용하지 못하고 있으며 같은 사람이라 할지라도 지혜롭게 사용하는 손과 그렇지 못한 손이 있으니 연구 가치가 분명히 있다 하겠다.

합선형의 생명선과 두뇌선

합선형(合線型)의 생명선과 두뇌선은 ㉮의 출발점이 같으며 생명선은 엄지손가락의 뿌리를 휘감고 손목을 향해 있다. 두뇌선은 생명선과 같이 출발하여 선의 끝이 활처럼 굽은 모양으로 손목 쪽 월구를 향한 모양이다. 합선형의 특징은 같은 합선형의 손금이라 할지라도 손의 형태와 손가락, 손톱, 손바닥 언덕의 살집 등에 따라서 그 특징이 다르지만 여기서는 표준적 공통점만을 간단하게 살펴볼까 한다.

이와 같은 모양의 손금을 갖게 되면 비교적 대인 관계가 좋은 편이며 모험을 싫어하고 모든 일을 처리하는 데 생활과 직결시켜 안전 일변도로 처리하는 경향이 많다. 이때 두뇌선의 길이와 생명선의 길이의 발달 모양을 많이 참작해야 하므로 이 점 유의하기 바란다. 만일 두뇌선이 아주 짧은 상태라면 매사에 두뇌 회전보다는 모험을 걸고 처리하려는 경향이 많게 된다.

직합선형의 생명선과 두뇌선

직합선형(直合線型)은 생명선과 두뇌선의 출발이 ㉮의 지점에서 같이 출발하여 두뇌선이 ㉯처럼 직선 모양으로 뻗어 있는 것이 특징이다. 일반인들 가운데에서 합선형 다음으로 많이 볼 수 있는 형이라 하겠다.

직합선형의 특징은 사물을 판단하고 처리해 나가는 데 있어서 이지적이면서도 상당한 인내력으로 처리해 나간다. 한번 결심한 일은 어떠한 장해물이 앞을 막는다 할지라도 강한 의지로 뚫고 나가는 저력도 있으며 사람을 한번 믿으면 끝까지 신의로 대하는 경우가 많다.

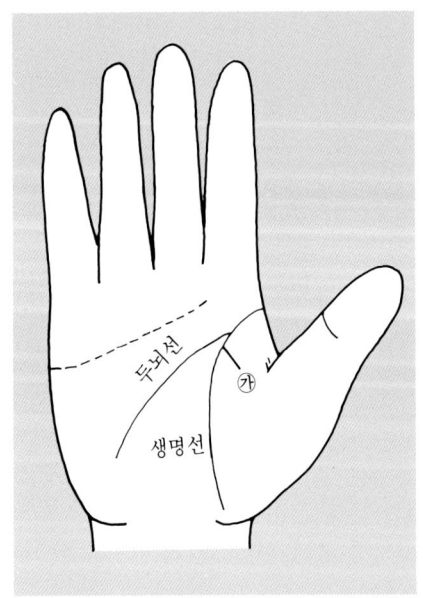

합선형 안전 일변도의 성격이다.

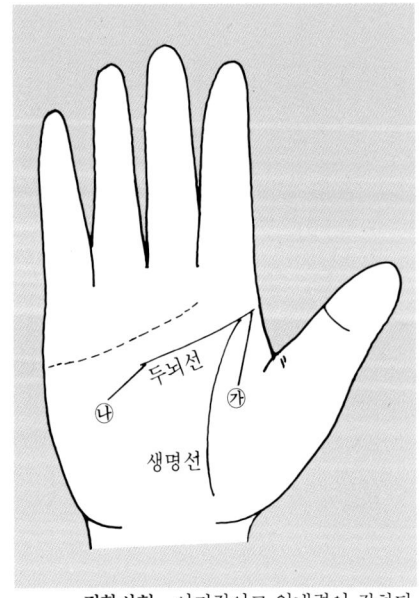

직합선형 이지적이고 인내력이 강하다.

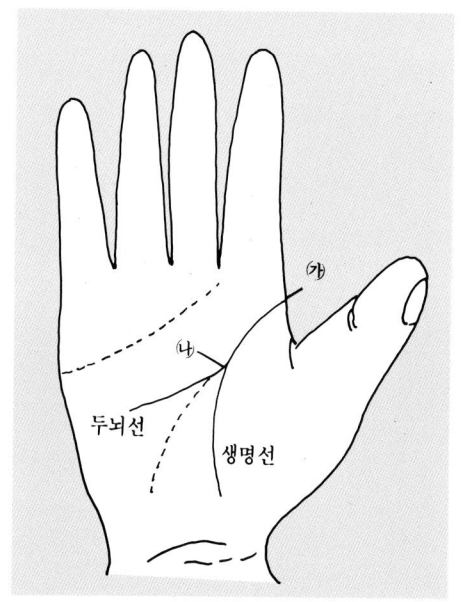

장합선형 독립심과 자립심이
약하며 내성적인 성격이다.

두뇌선

생명선

장합선형의 생명선과 두뇌선

장합선형(長合線型)의 생명선과 두뇌선의 모양은 그림 ㉮에서
똑같이 합쳐져 ㉯의 지점에서 두뇌선이 갈라져 나가는 모양으로
뻗어 있는 것이 특징이다. 이런 사람은 비교적 내성적이며, 상상력이
풍부하고, 대인 관계에 있어서도 좋은 편인데 특기할 만한 것은
독립심과 자립 정신이 약한 것이 흠이다. 그러나 자연을 좋아하고
낭만을 즐기는 경향이 많다. 이때에도 두뇌선 끝이 평행으로 뻗은
경우와 월구 쪽으로 뻗은 상태에 따라서 다른 결과가 나타나는데
월구 쪽으로 뻗었다면 정신적인 면을 중시하며 평평하게 뻗은 모양
이면 현실적인 면에 비중을 더 갖는 사람이다.

독립선형의 생명선과 두뇌선

독립선형(獨立線型)의 생명선과 두뇌선은 ㉮와 ㉯의 지점에서 각각 떨어져 출발하여 두뇌선 끝이 ㉰의 지점으로 굽은 모양으로 월구 쪽으로 향해 있는 것이 특징이다.

독립선형 적극적인 성격으로 독립심이 강하나 매사를 처리하는 데 속단하는 경향이 많다.

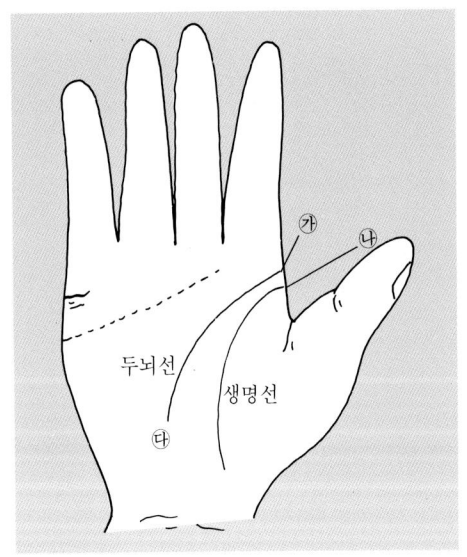

이런 모양의 선을 갖게 되면 비교적 독립심이 강하고 모든 일을 자기 판단에 의해서 처리하려는 사고 방식이 강하며 이론보다는 실제 행동으로 처리하는 경향이 많고 비교적 적극적인 성품을 갖게 된다. 그러나 매사를 처리하는 데 속단하는 경향이 많다. 이때도 두뇌선의 길이에 대하여 잘 관찰해야 하는데 만일 짧을 때에는 학문을 중단하는 경향이 많게 되며 길 때에는 상당한 수준까지 학식을 쌓을 수 있는 사람으로 판단하면 틀림이 없을 것이다.

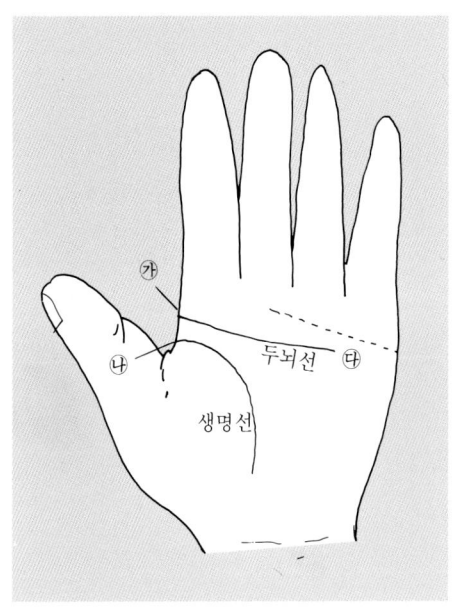

극독립선형의 생명선과 두뇌선

극독립선형(極獨立線型)의 생명선과 두뇌선의 모양은 출발 지점
이 ㉮와 ㉯의 모양으로 독립선형의 경우보다 더 많은 간격으로 출발
하여 두뇌선의 끝이 ㉰의 시점으로 병행하게 뻗어 있는 모양이 특징
이다.

이와 같은 모양의 선이 뻗어 있는 사람은 지배욕이 대단히 강하
고, 독립심도 강하여 어떠한 일에 부딪쳐도 두려워하지 않고 대담하
게 처리하는 기질이 있다. 또한 영웅적인 성품으로 매사 박력있게
처리하는데 냉정할 때는 한없이 냉정하고 자기의 마음에 들 때는
자신의 모든 것을 다 털어 놓는 단순한 면도 있으며 이성 교제도
뜨겁고 화끈하게 하는 경향이 많다.

곡합선형 모든 일에 피동
적이며 의타심이 많고
주관이 뚜렷하지 않다.

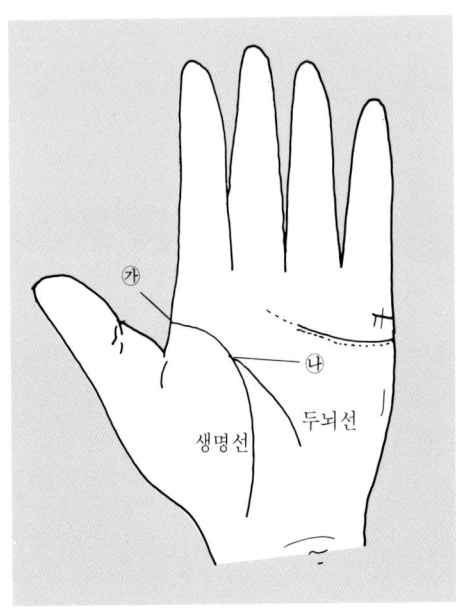

생명선   두뇌선

곡합선형의 생명선과 두뇌선

곡합선형(曲合線型)의 생명선과 두뇌선의 모양은 두 선이 ㉮의
지점에서 함께 출발하여 상당한 거리인 ㉯의 지점까지 가서 두뇌선
이 월구를 향해서 뻗어 있는 모양이 특징이라 할 수 있다.

이런 모양의 선을 갖게 되면 모든 일에 피동성이 많으며 남에게
의지하려는 의타심이 많고, 자기의 주관이 뚜렷하지 못한 것이 특징
이다. 한편으로 성격이 단순할 때는 한없이 단순하여 이해 관계를
초월할 때가 많으며 낭비하는 경향이 많다. 이때도 두뇌선의 끝이
어느 정도 길게 뻗은 상태를 참작해서 판단해야 한다는 사실을 명심
하기 바란다.

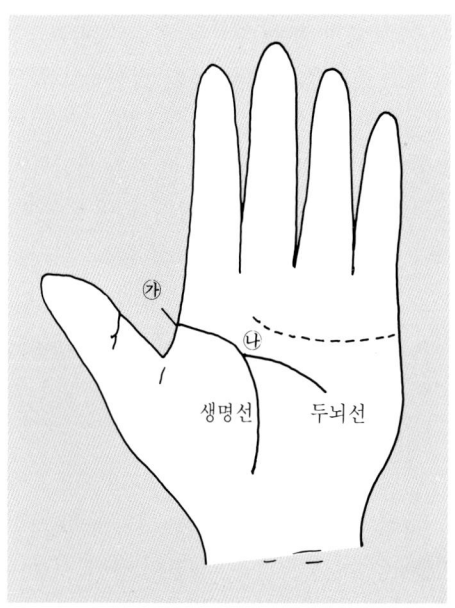

합쌍선형 소심하며 자기 판단
이 부족하며 피동적이다.

생명선   두뇌선

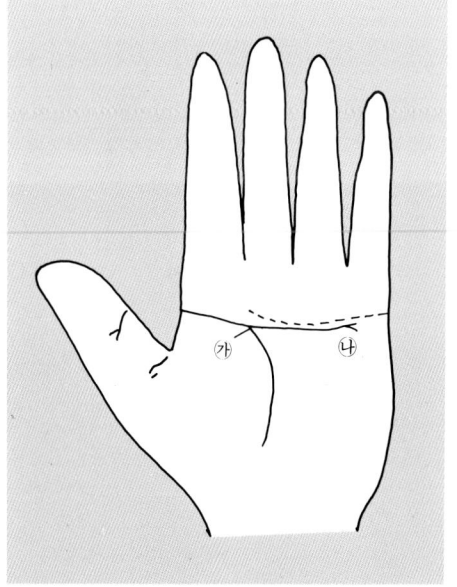

직선형 자기 아집이 강하나
일을 처리하는 데 있어 대담
하고 담대성도 있다.

합쌍선형(合雙線型)의 생명선과 두뇌선

합쌍선형의 생명선과 두뇌선의 모양은 그림 ㉮의 지점에서 함께 출발하여 중지 뿌리 부분인 ㉯의 지점에서 갈라지는 모양이다. 이런 모양의 선을 갖게 되면 성격이 소심하여 모든 면에서 자기 판단력이 부족하고, 잡념을 갖게 되며 매사에 피동적인 경향이 많게 된다. 이때에도 두뇌선이 어느 정도로 뚜렷한가 그리고 지선(指線)이 있는 가 없는가에 따라 해석이 달라지게 되므로 이 점을 유의해야 한다. 만일 지선이 없이 뚜렷한 두뇌선을 갖게 되면 특수한 두뇌 발달로 독보적인 특별한 기능을 보유할 수 있는 사람이라는 것을 암시해 주고 있는 것이다.

직선형의 생명선과 두뇌선

직선형(直線型)의 생명선과 두뇌선 모양은 다 같이 출발 지점이 같으면서 ㉮의 지점인 중지의 뿌리 부분에서 직선형으로 두뇌선이 ㉯를 향한 모양이다. 이러한 모양을 갖고 있는 사람은 독립심과 자기 아집이 강하며 모든 일을 독선적으로 처리하려는 경향이 많다. 또 영웅적 심리를 갖고 모든 일을 대담하게 처리하고 어떠한 위기에 부딪쳤을 때도 당황하지 않고 여유있게 처리하는 담대성(膽大性) 도 있다. 이때에도 두뇌선의 뚜렷한 상태에 따라서 판단은 약간 달라질 수 있음을 유의하기 바란다.

수상의 실례

활동가의 손

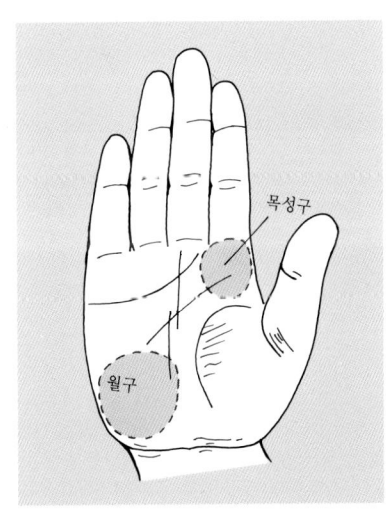

서석인(여, 53세, 자선가) 씨의 수상에서 풍겨 주는 특징적인 점으로 꼽을 수 있는 것은 다음과 같다.

첫째, 손 전체의 형이 수(水)형에 해당되는 대표적인 손이다. 곧 자립심과 독립심이 강하여 남에게 의지하지 않고 또한 휴식을 싫어하고, 쾌활한 성격으로 낭비를 싫어하는 유형이며 정당하다고 생각되면 크게 지출한다.

둘째, 손바닥의 언덕 살집을 자세히 살펴본다면, 목성구의 언덕과 월구의 언덕 살집이 두드러지게 발달하여, 지배욕과 명예욕과 강력한 자존심이 잠재해 있음을 엿볼 수 있다.

셋째, 목성 언덕 살집의 발달은 검지 손가락의 발달과 연관되는 것으로 역시 엄지손가락을 강력히 보좌한다는 의미로 강한 활동력을 가지고, 중지와의 조화도 이루는 숨은 저력이 있음을 읽을 수가 있다. 심성이 후덕하여 항상 타인을 돕는다. 넷째, 월구의 살집이 발달한 것은 정신적인 차원도 높아 심신의 균형 유지를 잘 조화해 나간다.

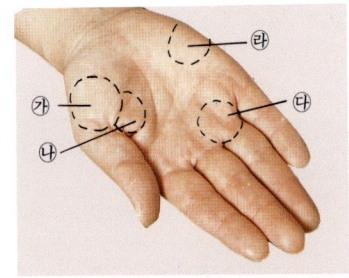

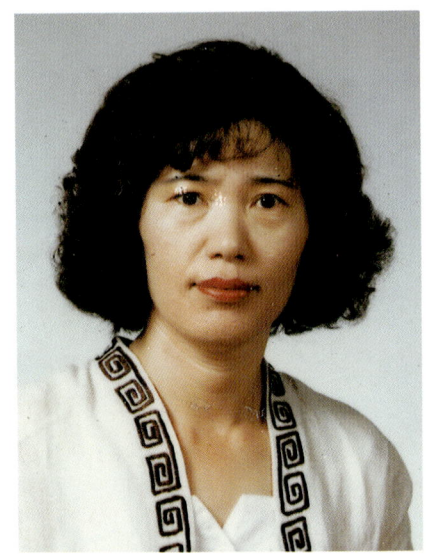

활동가의 손

김명희(金明姬, 여, 43세, 삼성생명 삼진대리점 사장) 씨의 두 손을 깊이 관찰 검토해보니 역시 오른손 쪽의 발달이 두드러져 있는 상태라서 오른손을 대상으로 살펴본다. 적극적이고 동적인 율동감을 주는 의욕있는 손이라 할 수 있다.

첫째, 손의 전체 모양은 수형의 활동가의 상으로 무엇보다도 자립심과 독립심이 강하여 세일즈 계통의 직업은 적합할 뿐만 아니라 선구자격이라 하겠으며, 항상 건강 관리에 소홀하지 않고 취미 생활하는 것이 수성구에 나타나 있고 운동에 대한 순발력도 뛰어나다. 지배 받기를 싫어하고 언제나 자기 판단에 의한 독보적인 처리를 주관하는 정열적인 성격의 소유자라 할 수 있다.

둘째, 손가락의 균형있는 발달 상태는 죽어도 남에게 신세를 지지 않겠다는 강한 자존심과 자기만이 지니는 멋을 가지고 살아가고 있음을 말해 주고 있다.

셋째, ㉮의 금성 언덕 살집과 ㉯의 제1화성 언덕의 살집은 통솔력의 잠재능력이 있다.㉰의 태양 언덕의 살집 형태는 금전의 수입 지출이 많은 편이나 규모있는 계획으로 가계를 운영하여 재산을 증식시키는 감정선이 뚜렷하다. ㉱의 달 언덕 살집은 강한 정신력을 대변한다.

넷째, 중앙 평원을 뚫고 강하게 뻗어 올라간 운명선은 세심 노력형으로 시대 흐름에 민감하게 대처하고 백절불굴의 노력과 가정과 사회에 필요한 진실형으로 강력한 추진력이 나타나 있는 유형이다. 무엇인가 명분있는 일을 해놓고 가겠다는 의지가 담겨 있는데 40대 중반이야말로 김명희 여사의 인생 현장이라 말하고 싶다. 감정선 두뇌선 생명선에 세선이 많으므로 체격에서 하체 발달은 좋으나 상체가 미약하니 규칙 생활이 중요하고 자신의 목적은 필히 달성할 수 있는 수상이라 하겠다.

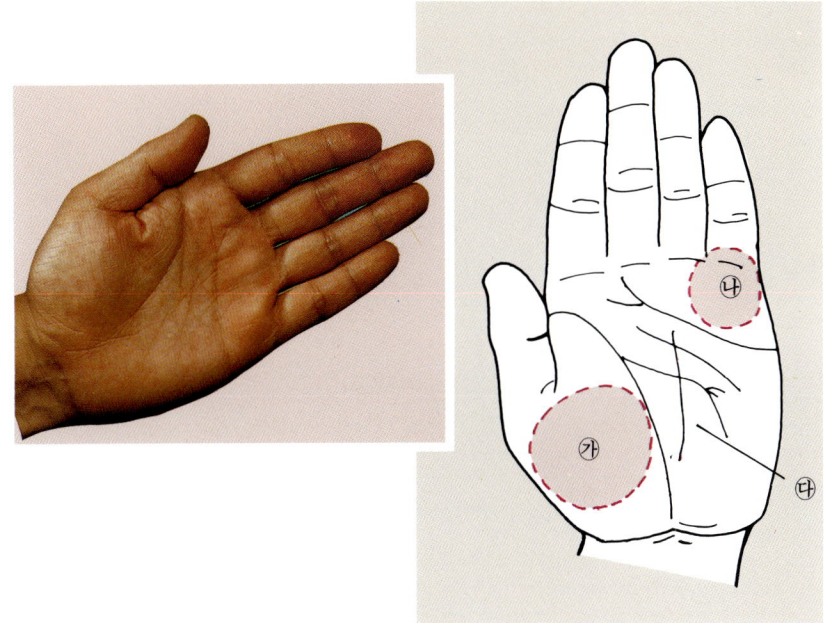

책임감이 강한 손

　황인원(黃仁元 남, 31세, 회사원) 씨의 두 손을 비교, 관찰해 보면 왼손의 살집과 선의 발달이 두드러지므로 왼손을 기준하여 관찰해 본다.

　첫째, 손의 형태가 금형의 손으로 단단한 촉감을 주는 손이다. 손가락에 붙은 살도 역시 탄력이 있으며, 자기의 일은 자기 스스로 찾아 해나갈 뿐만 아니라 활동성이 강한 개성을 가졌음을 말해 주고 있다.

　둘째, 손가락의 형태가 균형있게 발달해 있는 것은 주위 환경에 잘 적응할 수 있음을 암시하고 있다. 둘째의 검지손가락이 중지를 향해서 굽은 듯한 형태는 대중의 주류에 처세 맥락을 강하게 하며, 상급자의 말에 맹종하지 않고 비판적인 분석을 분명히 하고 넘어가는 개성이 강한 면도 엿볼 수 있다.

　셋째, ㉮의 금성 언덕 살집의 발달은 모든 일에 자신감을 보여 주고 있는데 신경성 장질환에 유의해야 하겠다. ㉯의 수성 언덕의 살집은 주위 사람들에게 조력(助力)을 잘할 뿐만 아니라, 이성간의 대화가 잘 통한다는 것을 말해 주고 있다.

　넷째, 두뇌선이 쌍맥을 이루고 있는 것은 2가지 이상의 특기를 가질 수 있음을 암시하고 있으며 한 가지 일에 꾸준히 전념하기가 어렵다는 것도 지적할 수 있겠다. 지금 31세이니 ㉰의 부분점에 해당하는데 34세 내지 35세에는 변동운을 가져온다는 것도 예견할 수 있겠다. 건강해 보이지만 신약(身弱) 체질이니 과음을 삼가는 것이 좋을 듯하다. 특히 현실 처세에 민감한 지혜를 지니고 있다.

　금성구, 목성구가 풍요로우니 본인이 하고자 하는 일에 용맹 전진하고 시대 흐름을 잘 간파하며 문화면에 투철한 저력과 활기를 띠는 수상이다.

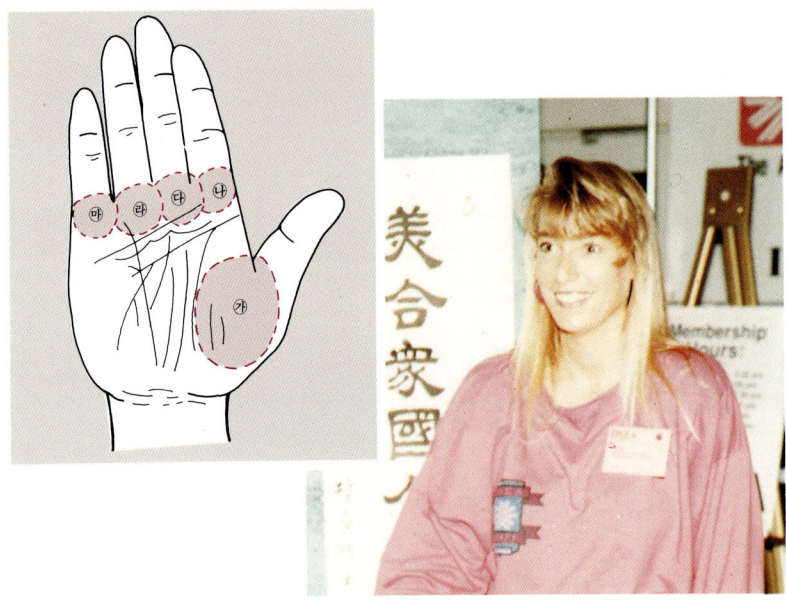

실무활동가의 손

마가렛 세이피어 (Margaret Cypher 여, 클럽 회원 지도자) 씨의 양손을 살펴보니 오른손의 발달이 두드러져 오른손을 기준하여 세부적인 관찰을 해보겠다.

첫째, 손의 모양이 체격에 비해서 살집이 많은 금형의 손으로 포용력이 뛰어날 뿐만 아니라 모든 일을 밝히고 분명하게 처리하는 개성이 뚜렷한 유형이다.

둘째, 손가락의 발달 상태를 살펴보면 장방형의 엄지손가락은 개성이 뚜렷할 뿐만 아니라 외교 능력도 충분히 잠재하고 있음을 엿볼 수 있다. 검지와 중지와 무명지가 강력하게 균형을 이루고 탄력이 있어 스스로 일을 찾아 하는 것을 알 수 있다.

셋째, 그림에서 보는 ㉮의 금성 언덕의 살집을 비롯하여 ㉯ ㉰ ㉱ ㉲의 언덕들이 고루 발달하여 항상 진합태산의 저축력이 엿보이며, 지금 현재도 상당한 재산을 지켜가고 있음을 암시하고 있다.

넷째, 생명선은 활력있게 잘 뻗어 있어 평소에 건강을 자부하고 있겠으나 신경성 장질환에 유의해야겠다. 두뇌선은 평형을 유지하며 발달하여 매사에 무리한 모험은 결코 하지 않는 이지적인 두뇌 활동을 하는 형이며 운명선이 월구 쪽에서 뻗어 있음은 주위 환경의 적응력에 힘입어 상당한 폭으로 자기 발전이 이루어지고 있음을 말해 준다.

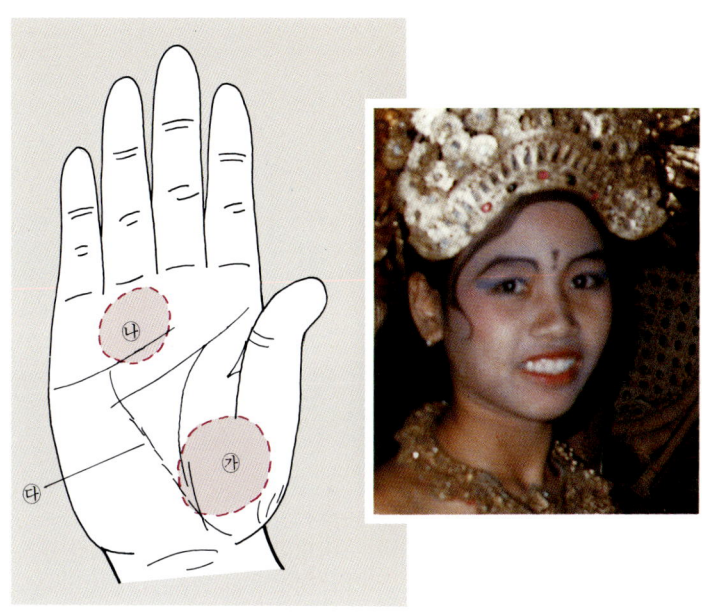

이상가의 손

   방콕의 관광 안내원(여, 19세)이 오른손을 관찰해 본다.
   첫째, 손의 모양은 토형의 모양으로 민감한 촉감을 가지고 있으며, 순수성과 소박한 품격을 가졌을 뿐만 아니라 많은 것을 수용할 수 있는 포용력도 있음을 말해 주고 있다.
   둘째, 손가락의 발달 상태와 ㉮의 금성 언덕 살집의 발달은 독특하게 발달한 상태로 19세 나이에 비해서 자신감이 넘쳐 있을 뿐만 아니라 어떠한 상대든 겁을 내지 않을 정도로 독보적인 개성을 읽을 수가 있겠다.
   셋째, ㉯의 태양 언덕의 발달은 예술적인 심미 능력(審美能力)이 갖추어져 있고 상대를 이끄는 매력이 있을 뿐만 아니라 사교력도 뛰어나 모든 사람들을 편안하게 해주는 눈에 보이지 않는 신비한 자력이 있다. 약간의 낭비는 뒤따르겠으며 호흡기 계통에 건강 관리가 절실하다.
   넷째, ㉰의 중앙 평원에 가로지르고 올라간 태양선은 주위 환경에 남다른 적응력을 갖고 있음을 말해 주고 있으며, 자기가 한 일에 대해서는 후회하지 않는 화통한 마음의 바탕을 갖고 있다. 두뇌선의 발달은 비록 여자로 태어났지만 소심한 마음을 가진 사람은 상대하지 않겠다는 의지가 강하게 나타나 있으며 인생을 멋있게 살아보겠다는 잠재 의식을 읽을 수가 있다.

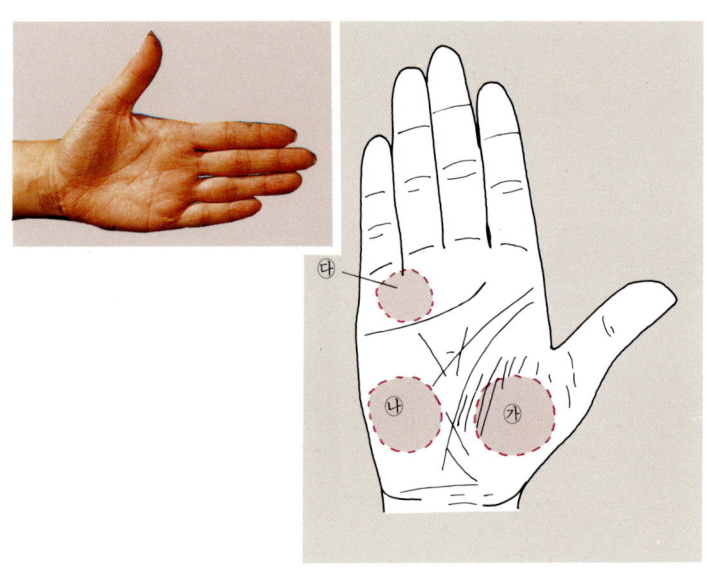

이상가의 손

윤도마(여, 27세, 회사원) 씨의 양손을 검토 비교해 보면 오른손을 기준해야 할 점이 두드러져 오른손을 기준하여 분석해 본다.

첫째, 손의 모양이 목형의 손에 가까워 감수성이 예민할 뿐만 아니라 사물을 이지적인 관점에서 관찰하고, 처리해 나가는 뚜렷한 개성을 가지고 있다. 약간 공상과 이상(理想)에 치우쳐, 노력을 소홀히 하는 경향이 없지 않다.

둘째, 손가락의 형태가 손바닥의 형태와 함께 길면서, 중립을 지켜 나가려는 의지를 엿볼 수가 있겠고, 비교적 강한 자존심 때문에 손해를 보는 경우가 많을 듯하다.

셋째, 손바닥의 ㉮부분의 금성 언덕 살집과 ㉯의 달 언덕 살집에서 읽을 수 있는 것은, 깊은 상상력과 사고력이 현실 생활과 융합되어 자기 활동을 운명적으로 받아들여야 하겠다. ㉰의 수성 언덕의 살집은 많은 대중 속에서 보조를 잘 맞추어 나가는 독보적인 능력이 잠재해 있음을 읽을 수가 있겠다.

넷째, 생명선과 두뇌선의 발단이 뚜렷히 독립 격리되어 있으며, 운명선과 건강선의 형태로 보아 매사에 균형 유지를 중시하는 심지가 깊겠고, 장(腸) 계통의 건강 관리를 각별히 하라고 당부하고 싶다. 결혼선과 자녀선이 확실 명확하게 나타나 있고 중지가 특히 발달했으며 배우자 선택은 무관이나 의사가 적합하고 자신이 활동할 수 있을 터전이 항상 필요한 수상이다. 또한 이민이나 유학도 가능하다.

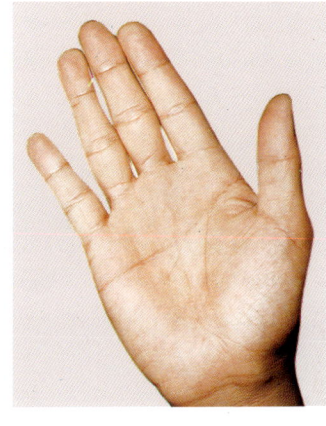
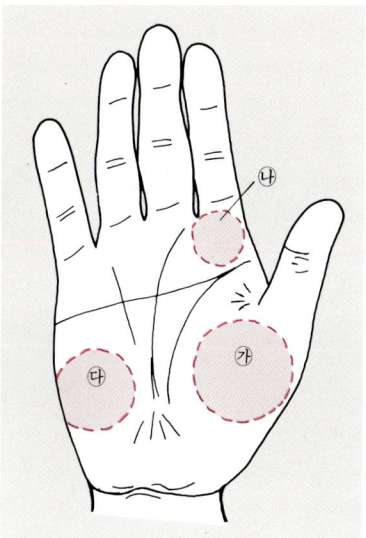

실무이상가의 손

김홍배(金弘培 남, 44세, 사진 작가) 씨의 양손 발달 상황을 살펴보니 왼손보다는 오른손의 발달이 역력하게 나타나 오른손을 기준하여 살펴보겠다.

첫째, 손의 형태가 화형의 손이면서 금목형에 가까운 복합성을 띠고 있어 좀 색다른 점이 있다. 어떤 일에 상당히 강한 집념으로 연구하는 유형이다.

둘째, 손가락 발달 상태를 보면 장방형의 엄지손가락은 여러 방면에 소실과 취미를 갖고 있으며 특히 외교 능력도 일가견이 있음을 암시해 주고 있다. 강력한 기회 포착만 잘 했더라면 국장급(局長) 이상 직위 학보도 가능했을 것인데 애석한 감이 없지 않다.

셋째, 손의 언덕 살집의 발달 상태를 보면 ㉠의 금성 언덕 살집은 강한 의지와 자신감을 가지고 주위 환경과 잘 조화되어 나가고 있으며, ㉡의 목성 언덕 살집은 명분있는 일에는 자신을 돌봄이 없이 적극적으로 나서는 성품임을 알려 준다.

넷째, ㉢부분 달의 언덕 살집은 강한 정신력을 가지고 있음을 암시해 주고 있고 두뇌선과 감정선의 시발이 합치되어 출발했고, 두뇌선이 다시 감정선과 합류한 형태는 민감한 감수성을 가지고 있고 강한 의지력이 있음을 암시해 주고 있다. 48세부터 크게 도약할 수 있는 계기가 주어지는 운세라 판명된다. 특히 목성구, 하성구가 발달하여 창의력이 뛰어나고 목적에 대한 집념이 대단한 수상이다.

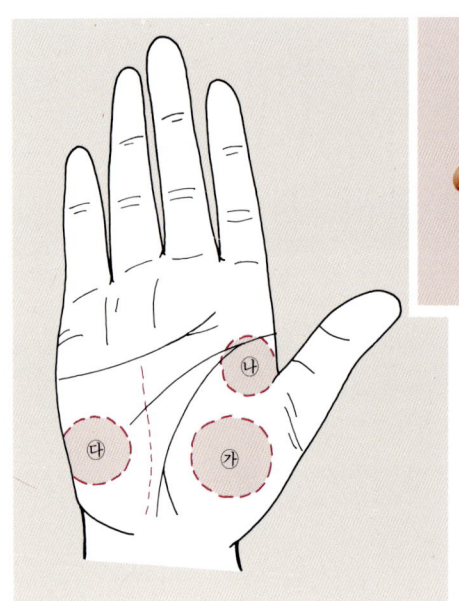
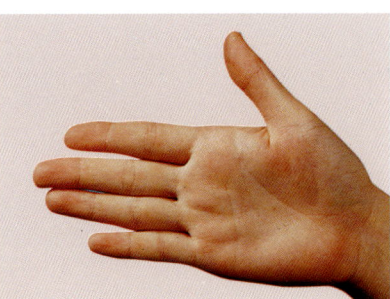

예술이상가의 손

김예희(金藝姬 여, 23세, 회사원) 씨의 양손 가운데 오른손을 기준하여 분석해 본다.

첫째, 손의 모양이 감수성이 아주 민감한 목형의 손에 가까워 재치가 있고 모든 일에 능동적이며, 예술 분야에 투신한다면 많은 발전이 있겠다. 사고력과 민감성이 뛰어남을 암시해 주고 있다.

둘째, 손가락의 형태는 비교적 균형있게 발달해 있으며 세심한 일을 잘 처리해 나가는 반면에 원칙 일변도의 굳어진 사고 방식이 깔려 있음도 엿볼 수가 있다.

셋째, ㉮의 금성 언덕 살집의 상태와 ㉯의 제1화성 언덕의 살집 형태에서 말해 주는 것은 강한 야망을 가지고 모든 일에 중용을 지키는 가운데에서도 적극적인 처리를 원칙으로 삼는, 오늘 할 일을 내일로 미루지 못하는 성품의 소유자이다.

넷째, ㉰의 언덕 살집과 두뇌선의 형태는 이상을 추구하는 정신적인 내면이 많고 자기의 감정을 상당한 폭으로 억제해 나가고 있음을 읽을 수가 있다. 진합태산의 저축력도 가지고 있어 중년기에는 안정권을 유지할 수 있음을 엿볼 수 있다.

금성과 토성구가 강약을 겸비하니 공사 분명하고 시비는 분명히 짚고 넘어가는 밝은 생활에 힘쓰는 수상이다.

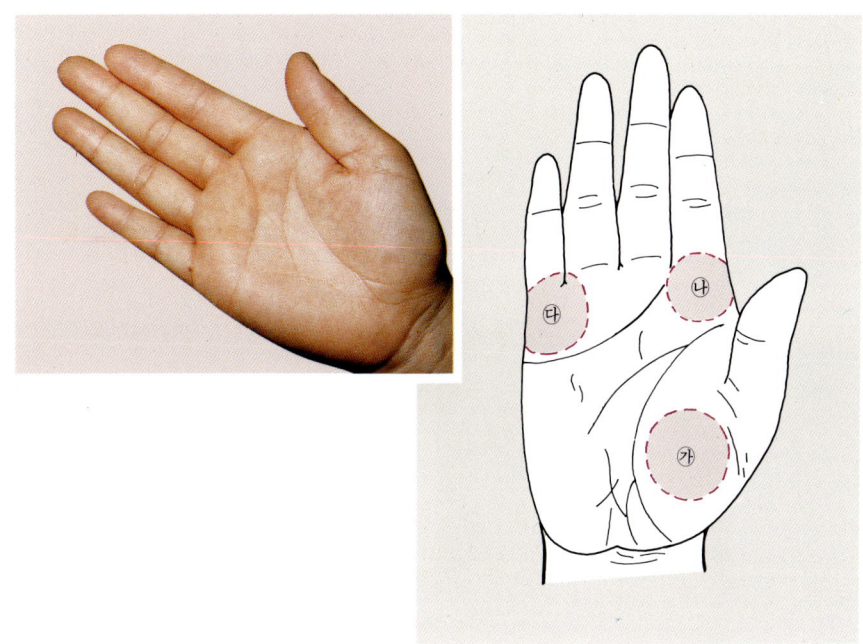

예술이상가의 손

여명심(余明心, 여, 32세, 회사원) 씨의 양손 가운데 오른손에 살펴볼 점이 많아 오른손을 대상으로 관찰, 분석해 보겠다.

첫째, 손의 형태가 토형의 손인 예술인들에게서 많이 볼 수 있는 손으로 행동이 다소 느린 것이 특징이며, 사교적 수완과 구상력이 뛰어나지만 약간 과민하는 경향도 있겠다.

둘째, 손가락의 형태가 균형있게 발달한 반면 감각 신경이 민감한 편이며, 신경성 혈압에 신경을 써야 할 것으로 보인다. 등산이나 줄넘기 같은 가벼운 전신 운동으로 몸의 상태를 잘 조절한다면 금상 첨화가 되겠다.

셋째, 그림 ㉮의 금성 언덕의 살집에서는 꾸밈없는 성품과 건강을 자부하는 암시도 있으나 남모르는 고독과는 항상 싸워 나가야만 될 듯하다. ㉯의 목성 언덕의 살집은 명분있는 일이 아니면 행하지 않겠다는 의지를 엿볼 수 있으며 ㉰의 수성 언덕 살집의 상태는 대기 만성을 읽을 수가 있겠다.

넷째, 완만하게 뻗은 생명선과 두뇌선의 발달 상태는 현실 속에서 적응이 잘 안되고 있음을 말해 주며 감정선, 건강선의 부분적인 면을 볼 때 실천을 앞세우면 금상 첨화격이다. 감정선이 둘째손가락으로 향한 것이 특징이므로 사회의 일원으로 노력하면 행운과 소원을 이룰 수 있는 수상이다.

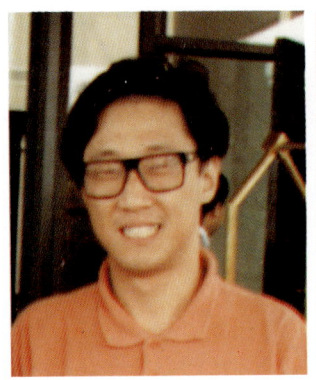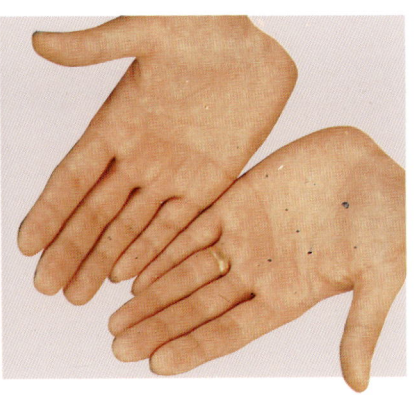

최순이(Sunny Choi 남, 33세, 아메리카나 관광회사 대표) 씨의 양손 가운데 왼손의 발달이 뚜렷하여 왼손을 기준하여 살펴본다.

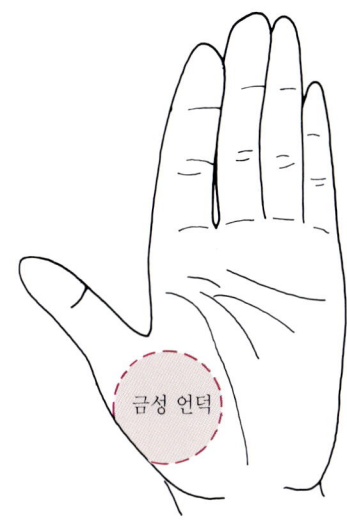

금성 언덕

활동이상가의 손

첫째, 손의 형이 수형이면서 목형에 가까운 점이 있는 손으로 마음의 여유를 항상 갖는 손이며, 이해력이 빠르고 응용력도 남다른 점이 있어 항상 아이디어 개발에 노력하는 유형이다.

둘째, 손가락의 형태를 관찰해 본다면 엄지손가락 모양이 유선형으로 상당한 수준급의 이상(理想)을 추구하는 사람이며, 구상과 계획과 연구심이 많다는 것을 읽을 수 있다.

셋째, 금성 언덕의 살집 발달이 특기할 만한데, 손 전체에 비해서 상당히 강하게 발달되어 있어 모든 일을 자신감있게 처리해 나가고 있음을 엿볼 수가 있다. 위장과 간장은 약한 편이니 과로나 무절제를 피하는 것이 좋다.

넷째, 생명선과 두뇌선의 발달이 완전히 독립되어 있으며, 두뇌선 끝의 세력이 미약하나 학업은 어려운 중에서도 잘 극복하여 성공한 편이다. 손금 전체가 맹렬한 활동가로서 난점도 잘 극복하고 크게 목적을 달성할 수 있는 형이다. 약간의 박력만 보강한다면 30대 중반의 발전은 놀랄 만한 수확이 기대된다.

■ **총평** 살결의 근육이 완벽하여 인내와 겸손함은 장래 목적을 성취하며 금성구, 하성구가 발달되어 많은 재력도 한몸에 가질 수 있다.

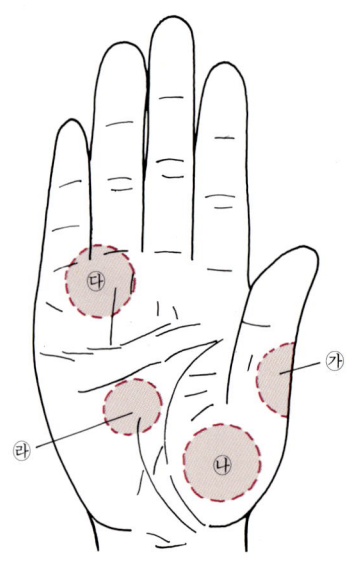

활동이상가의 손

　김현진(金炫辰, 여, 56, 사업가) 씨의 오른손을 세밀히 관찰해 본다.

　첫째, 손의 모양이 화형과 목형이 합해진 손으로 상당한 수준급의 정신력을 바탕으로 살아 나가는가 하면 체력 관리에 소홀하지 않고 정신 세계에 최고봉을 이루는 형상이다. 상상력과 추리력도 있어 직감력이 대단한 편으로 주위와 조화를 이루어 나가는 독보적인 특성을 갖고 있을 것이다.

　둘째, 손가락 모양에서 특히 엄지손가락의 ㉮의 부분에서 읽을 수 있는 것은 장방형의 특징적인 면은 남다른 외교력으로 명석한 두뇌 회전을 하여 신뢰를 항상 바탕으로 삼는 책임감이 강한 것이 재산 목록 제1호라고 해도 과언이 아닐 듯하다.

　셋째, ㉯의 금성 언덕과 ㉰의 태양 언덕의 발달은 어떠한 어려운 일에 부딪힌다 할지라도 남모르게 해결하는 개성있는 처세로 공사 분명하게 처리해 나간다는 사실을 암시해 주고 있다. 목성구, 수성구가 발달하여 많은 계획보다 한가지 실천력에 주력하면 대성할 수 있고, 사회 일각의 분야에서 활동은 타의 추종을 불허한다.

　넷째, ㉱의 중앙 평원에서 운명선의 형태와 두뇌선의 발달 모양은 매사에 밀고 나가는 박력있는 용기가 탁월하고 일신의 영화보다 사회에 환원하는 덕성을 겸비하여 여걸의 수상이라 하겠다. 솔직하게 마음을 털어 놓을 수 있는 상대가 없으니 이것이 바로 옥에 티가 아닐까 한다.

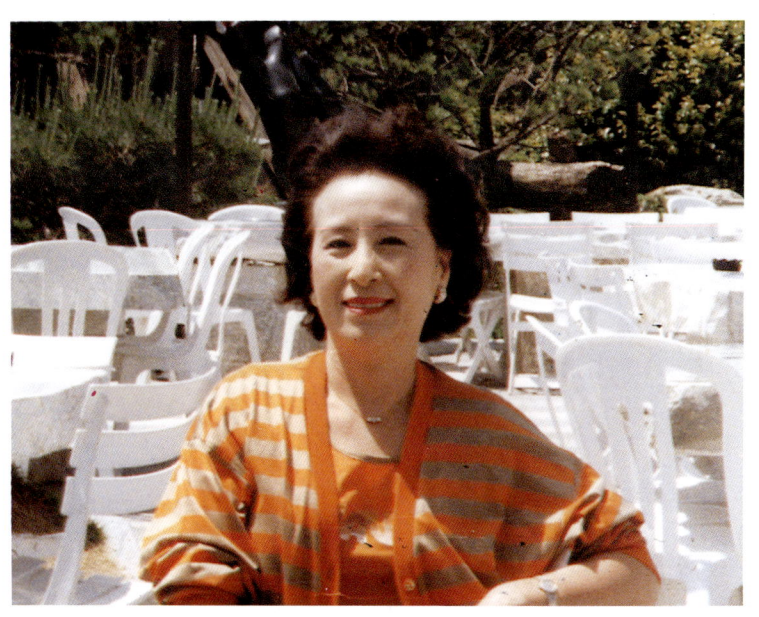

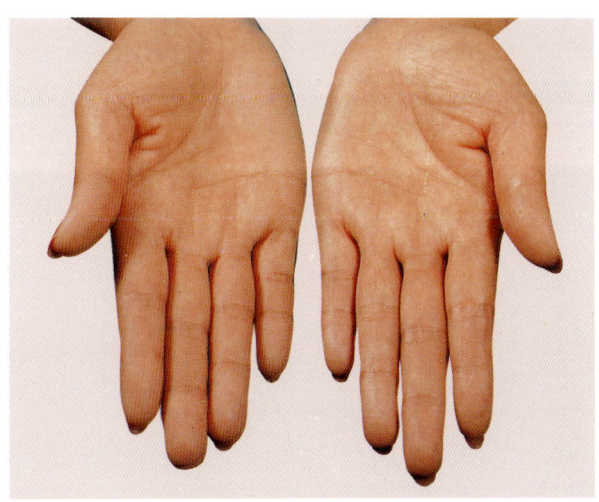

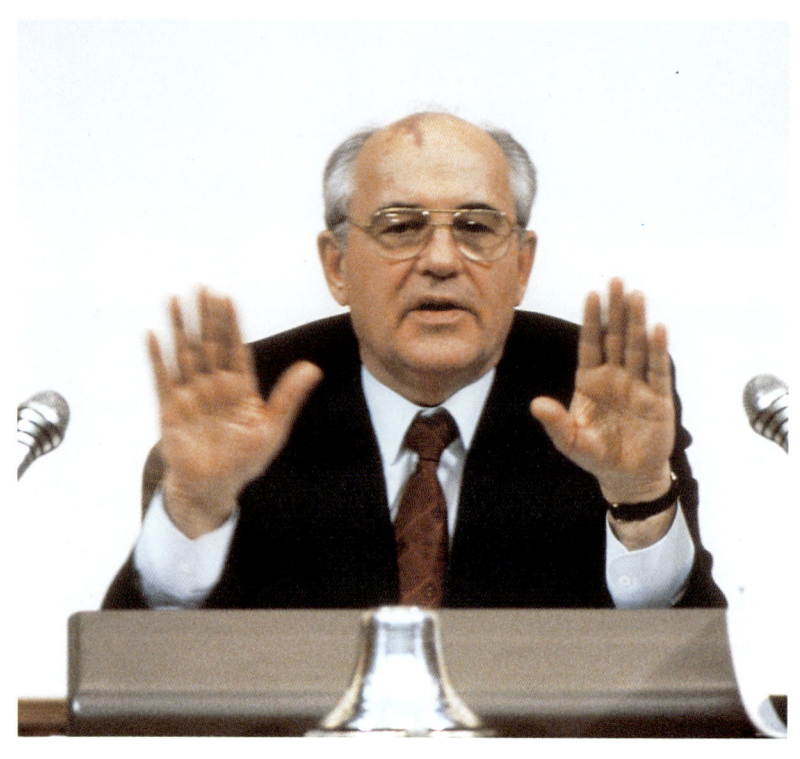

　세계적인 인물 고르바초프(남, 60세, 전 소련 대통령)의 오른손을 수상학적인 차원
에서 관찰해 본다.

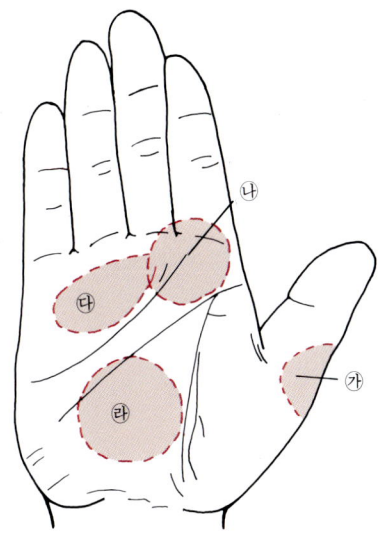

활동이상기의 손

첫째, 동작하는 오른손의 형태를 살펴본다면 수형의 손으로 지(智)와 덕(德)을 겸비한 손이며, 자기의 독창적인 판단이 예리하고 민감할 뿐만 아니라 주위 분위기 조성과 마음의 여유를 항상 유지해 가는 특유한 점이 있다.

둘째, 손가락의 발달 상태를 관찰해 보면 전체적인 균형의 조화가 이루어긴 상태에서 특히 엄지손가락의 ㉮ 형태는 외유내강(外柔內剛)의 지도력을 말해 주는 듯하다. 둘째 손가락인 검지의 형태도 주변 손가락들과 조화를 이루는 것으로 보아 조화를 유지하는 잠재 능력의 힘이 있음을 읽을 수가 있겠다.

셋째, ㉯의 목성 언덕 ㉰의 태양 언덕의 발달 상태는 직감력(直感力)과 심미 능력이 타의 추종을 불허할 만한 특유한 점이 있다.

넷째, ㉱의 중앙 평원을 가로지르고 있는 감정선과 두뇌선의 발달은 자기의 감정을 최대한으로 억제 극복하고, 대의 명분이 있는 일에는 오직 신명을 다하겠다는 소신을 가지고 정치인으로서의 지도자로서의 멋있는 인생관도 더불어 갖추고 있다. 32년생 60세가 정확한 나이라면 64세의 고비를 넘기면 67세, 68세의 악순환적인 운명의 기류를 현명하게 대처해 나가야 할 듯하다.

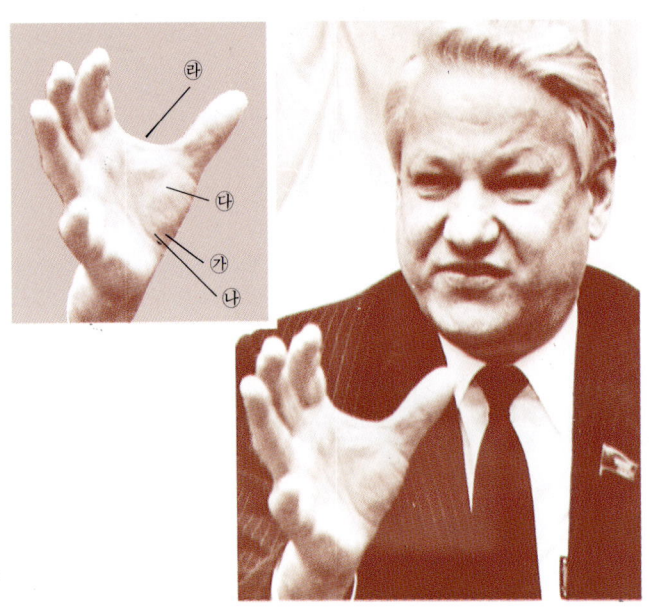

실무활동가의 손

옐친(러시아 공화국 대통령) 대통령의 오른손에 대한 특징을 살펴보아 풀이해 본다면 첫째, 실무가의 손이면서 활동가의 손으로 평소에 말에 대한 책임 의식이 강할 뿐만 아니라, 겉으로 보아서는 좀 무뚝뚝한 성격으로 보이기 쉬우나 섬세한 분야에까지 항상 짚고 넘어가는 강한 관찰력이 있으며 상대를 믿으면 완전히 믿는 성격일 뿐만 아니라 항상 실천력과 박력으로 모든 일을 주도해 나간다. 약간 사교성 은 부족하나 상대방에게 강한 신뢰감을 주는 것이 특징이라 할 수 있겠다.

둘째, ㉲의 금성 언덕은 강한 자신감을 갖게 하는 원천적인 발달이 잘 되어 있으 며, 엄지손가락과 둘째 손가락의 사이를 관찰해 보면, 상당한 차원의 포용력으로 매사를 처리해 가는 여유있는 성품을 갖고 있다. 타의 추종을 불허하는 저력과 인내 력으로 어려움을 잘 극복해 나가는 유형이다.

셋째, ㉠의 생명선은 ㉣에 이르기까지 뚜렷하고, 강력하게 나타나 있어 건강에도 자신감을 보여 주고 있으나 평소에 혈압에 대한 철저한 관리를 해야 할 것을 지적하 고 싶다. 또한 모든 일을 항상 대의 명분에 결부시켜 처리한다는 소신이 강한 것을 엿볼 수 있겠다.

넷째, ㉲의 운명선의 발달은 셋째 손가락인 중지(中指)까지 뻗어 대기만성(大器晚 成)을 암시해 주고 있다. 믿음직한 보좌관들이 이해를 초월하여 성심성의껏 추종하는 믿음직한 충성심으로 있는 힘을 다 하게 만드는 특유한 재질도 타의 추종을 불허한다 고나 할까?⋯⋯ 아무튼 지혜와 정략(政略)을 잘 조화시켜 나가는 특유한 힘을 가졌다 고 하겠다. 또 상대방의 말을 충분히 진지하게 듣고 나서, 자기의 소신을 결정하는 신중형의 성품이다.

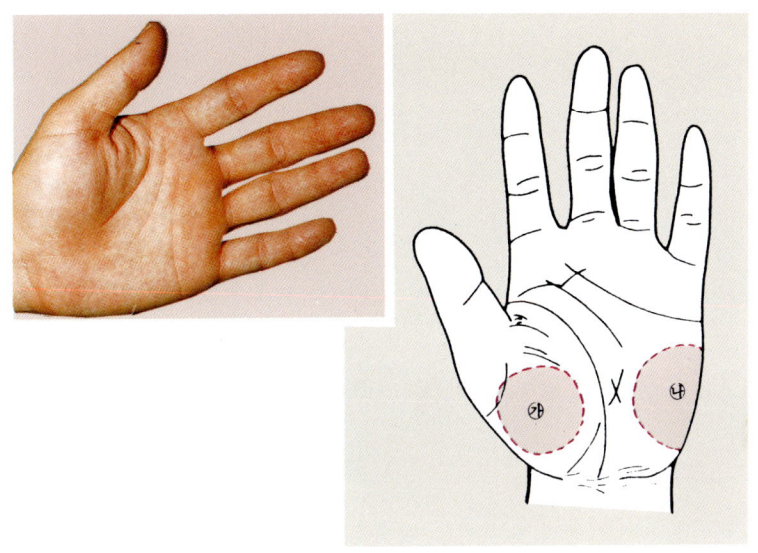

실무자의 손

　김호태(金晧泰 남, 30세, 사진 작가) 씨의 양쪽 손을 검토해 보니 왼손을 기준할 비중이 커 왼손을 중심으로 분석해 본다.

　첫째, 금형의 실무자 손으로 자기의 일을 스스로 찾아 처리하는 실천력이 비교적 강할 뿐만 아니라 평소에 남외 말을 하지 않으며, 어떠한 이상이나 공상을 하기에 앞서 행동으로 옮기는 것을 신조로 삼는 유형이다.

　둘째, 손가락의 형태가 짧고 단단한 모양으로 발달한 상태는 약간의 경쟁심도 내포하고 있음을 암시해 주고 있으며, 한번 상대방을 믿으면 끝까지 신의를 지키려는 의지가 강하게 나타나 있다.

　셋째, 손바닥 전체를 관찰하던 중 가장 두드러진 부분이 금성 언덕 살집의 발달인데 여기에서 어떤 일에 부딪히면 해낼 수 있다는 자신감이 넘치고 있음을 알 수 있다. 뿐만 아니라 오직 자기 노력의 대가만을 성실하게 추구하는 잠재 의식도 강하다는 것을 읽을 수가 있다. 또 ⨯의 달 언덕 살집은 이상주의와 신비주의의 사고 방식도 강하게 깔려 있음을 말해 주고 있다.

　넷째, 생명선과 두뇌선은 완전히 독립된 상태에서 발단(發端)되어 있고, 감정선과 복선을 이루고 있는 점이 특기할 만한 부분인데 이것은 평소에 자기 소신껏 모든 일을 처리해 가고 있음을 말해 주는 것이며, 정서와 감정도 풍요성을 지니고 있음을 암시해 주고 있다. 40대 중반부터 혁혁한 발전이 있을 것을 예견할 수 있겠다.

　금성구와 수성구가 윤택하므로 원인과 결과를 잘 분석하는 미래학에도 일가견이 있고 특유한 예술, 문화에 직관하는 능력이 뛰어난 수상이다.

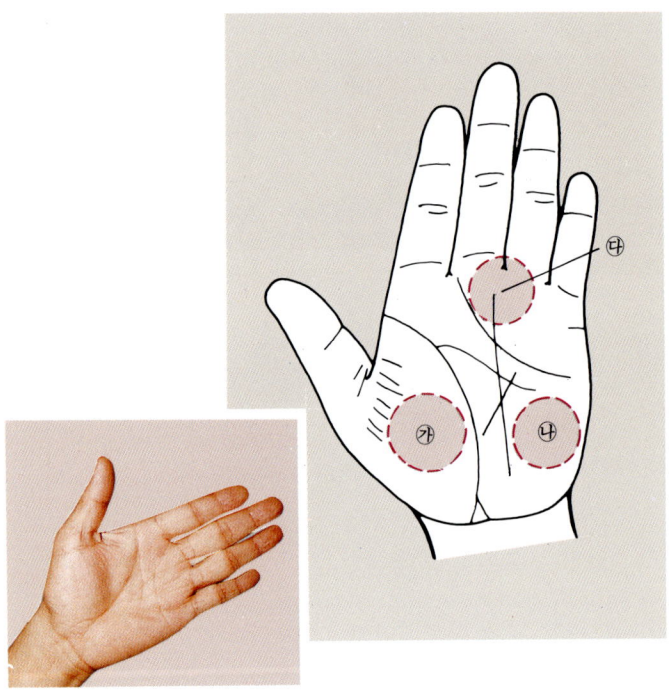

노력실무자의 손

정희원(鄭希元 남, 39세, 회사 사장) 씨의 왼손을 관찰해 본다.

첫째, 손의 형태와 ㉯와 ㉰달 언덕 살집을 살펴보면, 성실한 노력을 좌우명으로 하여 맡겨진 일만을 하는 것이 아니라 일감을 찾아 주어진 임무를 다해 가는 노력파 인생임을 입증해 주고 있다.

둘째, ㉮의 금성 언덕의 상태는 지금 심신(心身)의 상태가 양호한 편이 못 되고 있으나 정서면에서 휴식 요법으로 조절해 나가면 호전될 수 있는 상태로 보인다.

셋째, 전반적인 면에서 오행(五行)의 신체 리듬 구성이 신약체질이 되므로 평소에 과음을 삼가함이 좋을 듯하다. 금전운도 지속적으로 따르는 지출수는 어쩔 수 없는 현실로 받아들여야 할 것이며, 불에 잘 타는 물체를 대상으로 사업 계획을 세워 나간다면 더욱 노력의 대가가 주어지게 된다.

넷째, 토형금체형으로 백절불굴의 신념을 가진 노력형으로 원만한 타협과 여유만 만하나 내면에는 소심함이 내포되어 때로는 실기하는 수가 있다. 특히 감정선과 두뇌선이 보조의 선으로 연결되어 교역이나 생산업에 종사하면 더욱 성공을 가져올 수 있고 또한 경조 사상이 투철한 상이라 하겠다.

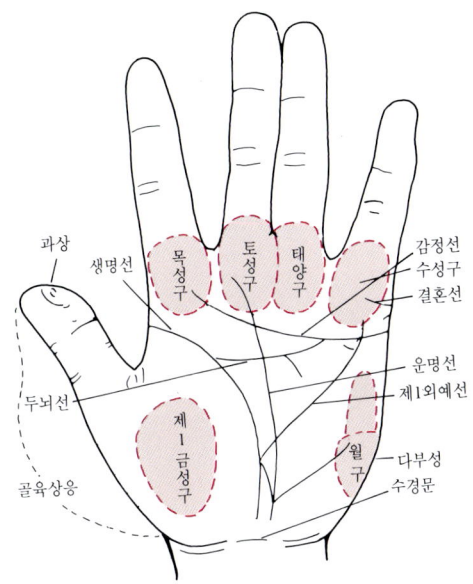

과상
생명선
과상
목성구
토성구
태양구
감정선
수성구
결혼선
두뇌선
운명선
제1외예선
골육상응
제1금성구
월구
다부성
수경문

관복, 재복이 넉넉한 손

장지수(張志洙 남, 64세, 韓肥社長) 씨는 첫째, 손모양을 보니 금국토체의 수형이라 금국의 원만성과 토형의 인내력으로 일사불란한 지도력이 특출하다. 천문인 감정선은 해변의 위수(葦穗)처럼 비록 유연하나, 자연관에 순응하고 인문인 두뇌선은 쌍룡처럼 줄기차니 깊은 도량과 아울러 관복과 재복이 많다.

둘째, 지문(地紋)인 생명선은 태승(太繩)형으로 길고 끝이 갈라졌으니 초운은 미약하나 후천적으로 장수할 형. 고부문(高扶紋)인 운명선은 밀림 속에 선수거목(善樹巨木)이 웅생(雄生)한 듯 중대한 임무를 지킬 것은 물론 타인의 선망을 받는다. 그러나 심복인은 자신보다 체격이 작은 사람은 불리할 듯하다.

셋째, 외예선이 쌍립으로 수성구로 향하니 만인이 우러러 쳐다볼 것이며 오성구가 균등하게 풍후하여 난관에 봉착할 때는 항상 귀인이 나타나 도와 줄 것이다.

넷째, 수경문(手頸紋)인 생식선이 다부성(多府城)을 이루었으니 책임감이 강하다. 엄지의 지문이 과상(過狀)을 이루고 중지 외 네 손가락이 굵고 힘차니 소아(小我)를 버리고 대의를 앞세운다. 물형은 고성주사지상(高城走獅之相)이라 위엄이 넘치며 고결한 의지로써 일생을 지내리라.

주택궁은 높은 빌딩보다도 넓고 수목이 우거진 대지의 집이 좋으며 연못에 수기가 항상 마르지 않는 남향의 집이 길하다.(1974년 6월 5일 일간 내외경제 게재)

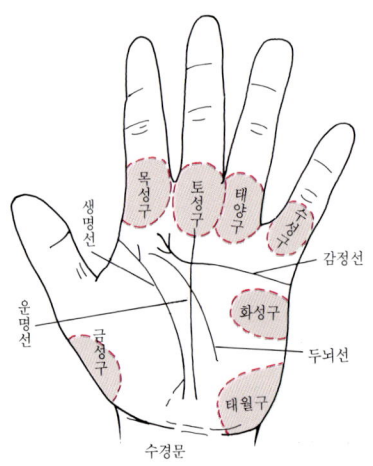

목성구 토성구 태양구 수성구 생명선 감정선 운명선 화성구 금성구 두뇌선 태월구 수경문

자수성가 손

한만년(韓萬年 남, 67세, 一潮閣 社長)

손을 살펴보면, 첫째, 수상이 금국토체라 고상한 기풍을 뜻함이요, 피부가 강하고 손바닥이 솜처럼 부드러우니 망망대해의 노수(怒水) 속에서도 의지를 상실하지 않고 끝까지 고난을 극복하여 칠전팔기(七顚八起)의 보람을 갖는 철인(鐵人)의 집념을 나타낸다. 주위의 도움 없이도 자신의 노력과 개척으로써 끝내 자수성가할 상이다. 선화(善禾)처럼 끝에 가지가 많으니 경험을 거울삼아 타인과 경쟁을 피하면서 오직 자아를 반성하고 묵묵히 노력할 상이다.

둘째, 지물이 활달(闊達)하고 보조선까지 있으니 지극한 정성의 일념이 특이하며 합리적 생활화에 능용하니 장수를 약속한다. 수경문이 을계(乙溪)처럼 자연스럽게 중단함이 없으니 완벽한 인격은 사회 발전에 기여할 것이다. 오성구 가운데 목성, 금성구가 발달하여 다양한 공사를 원만히 처리해 나갈 것이나 때로는 냉정하다는 평을 받을 우려도 있다.

셋째, 오지(五指)인 상정(上停)이 동량(棟梁)처럼 튼튼하니 근면 검소한 생활관에 과단성과 결단력이 강하면서도 일면 겸손으로 동료에게 양보를 아끼지 않는다. 손바닥 중심부인 중정(中停)이 평야에 수목처럼 무애(無碍)의 만족을 아는 형. 하부인 지정(地停)이 불균등하니 명예와 권위를 배제한 평범한 성격이며 음양양위가 광채가 있으니 삼정의 후손이 늠늠하다.

넷째, 물형(얼굴과 몸 전체)은 어변승학지형(鯉變昇鶴之形)으로 남달리 냉철한 판단력과 황무지를 옥토로 개척하는 투지가로서 전진이 있을 뿐 실언은 없는 상이다. 춘하간에는 별무이익(別無利益)이나 추동간에는 양지안우(陽地眼牛)격.(1974년 10월 9일 일간 내외경제 게재)

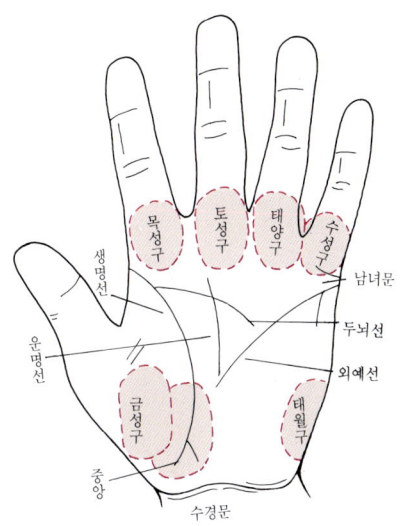

사회에 공헌할 손

　강신호(姜信浩, 남, 65세, 동아제약 사장) 씨의 손은 장원형(長圓形)에 전체가 균형 잡힌 금국토체의 수상이다. 원만한 처세관을 생활 신조로 하며 질서 정연한 복지 사회 건설에 공헌할 인사라 하겠다. 천문인 감정선이 목성구로 향하던 중 끝이 양단 되었으니 겸손하고 남이 찬탄할 만한 인격을 지녔으며 인문인 두뇌선이 분리되었으 니 강약도 겸비하여 사회 발전에 많은 일을 할 것이다. 그러나 지나친 과로는 피해야 할 듯. 지문인 생명선이 시종 균등을 이루고 끝에 보조선이 있으니 장수할 형. 특히 금성구와 접착하니 내외적으로 원만한 실력가형이다.

외예선(外藝線)이 뚜렷하게 나타났으니 호인지심(浩人之心)이 많으며 단려(端麗)한 윤문(潤紋)은 타인을 이끄는 힘이 강하다. 고부문(高扶紋)이 속살 깊이 투시하였으니 가히 실력가의 손금이라 하겠다.

오성구 가운데 수성, 목성구가 오월의 자두처럼 발달하였으니 일념 목적을 위해서는 끝내 불굴의 투지로써 유종의 성과를 거두며 대인 접촉에 있어서는 능수능대로 편견 하지 않고 박애주의에 힘쓴다. 수경문인 생식선이 오선으로 되었으니 평범한 생활 속에서도 자아를 발견하며 공익을 앞세우고 자기 현위치를 착실하게 인식하고 비약 적인 발전을 도모하여 부단한 노력을 경주한다.

물형은 창창한 하늘에 쌍학이 나는 형상으로 말보다 실천을 앞세우고 세계일주라도 능히 행할 수 있는 역마성을 띠고 있다. 주택궁은 고려 건물로 사방을 볼 수 있는 고지대가 좋으며 남향 대문이 길하다.

　특히 건강에 유의하고 문서에 조심할 것이며 향후 10년간 우익흥성(尤益興盛)하리 라. 단 59세가 수극화년(水克火年)이니 이사는 불미할 듯하다.(1974년 9월 11일 일간 내외경제 게재)

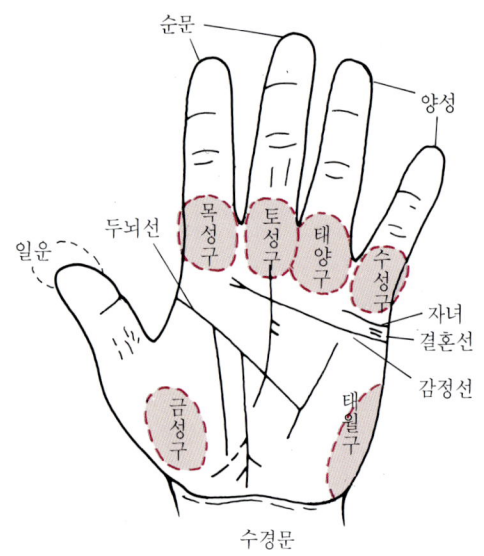

순문

양성

두뇌선

목성구

토성구

태양구

수성구

일운

자녀

결혼선

감정선

금성구

태음구

수경문

투기형 외모, 세밀안정형 내면의 손

백낙희(白樂熹 남, 61세, 삼정수산개발 설립 대표이사) 씨의 손을 살펴보면 첫째, 찰지수상(察之手掌)하니 토국토체(土局土體)에 수형인의 풍만격으로 양보다 질을 앞세우는 실천가이다. 외모로는 투기형으로 보이나 기실은 세밀안정 상이라 하겠다. 천문인 감정선의 끝이 두 갈래로 발달하였으므로 각 면의 경험과 실력을 쌓아서 대성할 것이다.

둘째, 인문인 두뇌선은 외예월구(外藝月丘)를 힘차게 향하였으니 무수한 난관을 격파하고 전진을 거듭하며 서광을 볼 것이다. 지문인 생식선이 이선으로 길게 흘렀으므로 선천수명에 비하여 후천수명을 누릴 형이라 하겠다. 생식선이 이중으로 겹쳤으므로 상하 차별없이 명등 후덕할 형. 폭음은 위험하니 조심해야 한다.

셋째, 오성구 가운데 토성태양구(土星太陽丘)가 발달하고 목성구가 미약하니 투기력을 암시할 듯. 엄지손가락의 처음과 끝이 균등하니 어떠한 장애도 능히 이겨 나가서 후손에게까지도 복을 끼쳐 줄 형태. 둘째 손가락과 셋째 손가락이 순문일체(淳紋一體)하여 미래의 일을 예지하고 지난일에 대해서 후회하지 않는다.

넷째, 얼굴 형상은 백우인산형(白牛人山形)으로 향토심이 특출하나 혈연 관계는 무미하며 장소에 따라 명확한 처세에 임할 운. 46세 연령운을 보면 1, 5, 9월은 신경을 써야 하며 3, 7, 10월은 왕성운으로 소원성취하리라. 35, 45, 55세에는 변화가 오고, 36, 46, 56세에는 얼굴에 웃음꽃을 피울 듯. 주택궁은 사철 불변하는 수목이 만연한 정남향에 동남간방의 평실이 좋을 듯. 특히 혈색은 윤활한 회색이므로 해외 거래가 더욱 좋을 것이며 향후 20여 년간 행운을 가지리라.(1974년 6월 19일 일간 내외경제 게재)

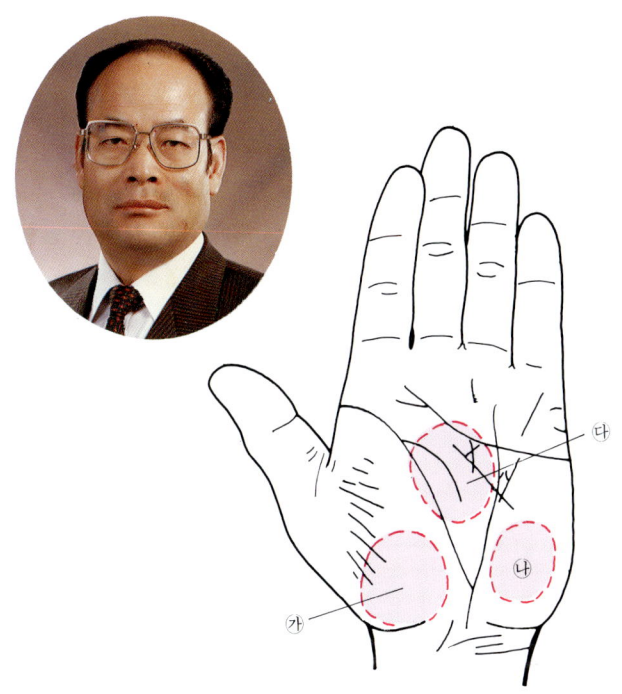

필자의 자수평

　조성우(曺誠佑　남, 필자) 씨의 왼손을 중심으로 감정 평가해 보기로 하겠다.

　첫째, 손의 형태가 화형과 금목형이 접목된 손으로 무엇보다도 강한 집념으로 살아가고 있으며, 약간 현실과 동떨어진 세계에서 한평생을 살아왔고 또 살아가고 있다.

　둘째, 손가락의 형태는 어느 정도 균형을 이룬 상태이며, 세장형(細長型)에 가까운 엄지손가락은 예능 방면에 약간 소질(素質)이 있다.

　셋째, ㉮의 금성 언덕 살집과 ㉰의 중앙 평원은 두뇌선이 쌍맥을 이룬 것이 특징적이며, 비교적 건강은 자신있게 유지하고 있다는 것을 암시해 주고 있으며 감정선의 끝이 쌍맥을 이루어 집게손가락 쪽으로 향한 것은 정신 세계와 현실 세계 속에서 약간의 갈등을 가지고 있음을 대변해 주고 있다.

　넷째, 운명선과 태양선의 형태는 주위 환경에 적응할 수 있는 지혜와 환경 조성이 조화를 이루고 있음을 말해 주며, 만학(晚學)의 집념을 불태워 뒤늦게나마 동양철학(東洋哲學) 분야의 학위를 받은 것도 이러한 영향력으로 판단된다.

맺음말

손에 대해 깊은 관찰력과 시야관을 가지고 연구하면서 우리 몸 전체의 각 기관과 한번 비교해 본다면, 그 기능과 구실이 얼마나 막강한가 하는 것은 표현할 여지가 없다. 이렇듯 손이 차지한 비중은 큰데도 불구하고 손에 대한 관심도와 연구도가 너무 미미한 상태로 넘어 가고 있는 현실에 대해서 참으로 안타깝게 생각한다.

그 가운데서도 다행스럽게 생각하는 것은 음양 사상 오행(陰陽四象五行) 학설을 바탕으로 발전한 '고려수지침'의 개발이다. 이 치료법은 우리 인체 안의 모든 질병들을 손의 맥락을 통해서 다스리는 요법 개발로 세계에서 인정을 받고 많은 환자들에게 큰 희망을 주고 있다.

지금까지는 수상(手相)이 21세기를 향한 고도 성장을 자부하고 있는 과학 문명 속에서도 범죄 수사에 이용되고 있는 지문의 채취나 산부인과 병원에서 쌍둥이의 식별에 이용되고 있는 수상 사진 등이 고작인 현실이었다. 그러나 필자의 바람은 더 크고, 더 많은 분야에서 활용되고 이용될 가치가 충분하다고 본다.

첫째, 교육 분야에서도 성격 파악, 적성 파악, 심리 파악 등의 분야에서 통계 자료를 얻는 데 좋은 대상이 된다.

둘째, 기업인들의 기업 능률의 향상을 위한 직업 분야별 적성도(適性度)의 측정에도 손은 좋은 대상이요, 좋은 자(尺)이다.

셋째, 이성 교제, 결혼 상대의 성격 파악 그리고 소질과 취미 생활의 측면에서도 손은 좋은 연구 자료의 대상이 된다.

이 밖에도 그 사람의 잠재 능력의 측정과 손을 움직여서 일하는 분야에서는 광범위한 차원에서 꾸준히 그리고 심도 깊게 연구해 나가야 할 분야라고 확신한다.

전문인들을 양성하는 분야에서도 손의 연구는 크게 활용되어야 할 대상이다. 나는 전문가가 아니니까, 나는 이 분야에 별로 취미가 없으니까 하는 도피성 심리 의식을 탈피하여 이 분야에 누구나 한번 깊은 관심을 갖고 연구해 보는 수준 높은 엘리트들이 많이 속출되기를 바라는 마음 간절하다.

손은 운동 신경과도 밀접한 관계가 있다. 손끝의 말초 신경의 감각 작용은 그 민감성이 참으로 놀라울 정도이므로 각양 각층에서, 분야별로 연구하고 활용해 나간다면 참으로 그 연구 가치와 투자 가치가 높을 뿐만 아니라 사업성도 충분하다는 점을 강조하고 싶다. 아울러 물심양면으로 이 책이 나오기까지 협조해 주신 양철암 선생과 대원사에 심심한 감사를 드린다.

찾아 보기

3대선 ·················· 77
간기맥 ·············· 68, 70
간담기맥 ············ 76, 68
간장 ·········· 43, 46, 68, 101
감각 신경 ······· 30, 63, 65, 99
감정선 ······· 7, 54, 77, 81, 82
감촉 ··················· 7
건강선 ················ 82
검지 ·········· 52, 53, 60, 81
격정흥분형 ·········· 11, 12
결혼궁 ················ 72
결혼선 ············· 7, 96
경락 ·············· 55, 61
경제력 ················ 72
경찰 ················· 68
고급 군인 ············· 68
고성주사지상(高城走獅之相) ···
················· 109
곡합선형 ·············· 88
곤봉형 ············ 36, 57
골다육소형 ············ 26
과상 ················ 109
관복 ················ 109
관절병 ············· 11, 12
극독립선형 ············ 87
금(金)형 ··· 20, 33, 93, 94, 107
금국토체 ········· 109, 110, 111
금목형 ······ 37, 38, 43, 97, 113

금성구 ············· 7, 36, 49,
60, 81, 93, 98, 101, 107, 110, 111
금성대 ················ 82
금성 언덕 ··············
21, 25, 26, 29, 30, 33, 34, 36, 38,
43, 67, 68, 92, 94, 95, 96, 97, 98,
99, 101, 102, 106, 107, 108, 113
금전운 ··············· 108
기맥 ·············· 64, 76
남좌(男左) 여우(女右) ····· 50
냉병 ················ 47
노년기 ················ 8
노동자의 손 ············ 42
노력실무자의 손 ·········· 108
노쇠 현상 ············· 46
노이로제 현상 ·········· 46
뇌 ················· 55
다부성 ··············· 109
단강형 ········ 21, 22, 41, 58
단직형 ················ 34
단후형 ················ 58
달 언덕 ···············
···· 29, 30, 67, 75, 92, 96, 107
대뇌 ········ 36, 53, 54, 83
대뇌피질 ············ 53, 54
대다각골 ··············· 18
대장 ················· 55
독기맥 ················ 63

독립선형 ················· 86, 87
동맥 경화 ················· 34
동양 사상 의학 ············· 50
두뇌선 ··········· 7, 21, 22, 25,
30, 33, 34, 38, 43, 54, 74, 76, 77,
81, 82, 83, 84, 85, 86, 87, 88, 90
두상골 ··················· 18
말초 신경 ········· 17, 47, 115
목(木)형의 손 ···············
　23, 25, 26, 35, 96, 98, 101, 102
목성구 ····················
　7, 26, 91, 93, 97, 102, 111, 112
목성 언덕 ··················
　25, 29, 36, 67, 68, 97, 99, 105
무명지 52, 63, 64, 70, 71, 72, 75
물형 ··················· 110
방광기맥 ·············· 65, 68
방광 ··················· 68
백색의 손 ················ 46
백우인산형 ··············· 112
법관 ··················· 68
보혈 ··················· 46
본능면(本能面) ············· 49
분절 기능 ················ 55
불면증 ··················· 46
불임증 ··················· 12
불치병 ··················· 12
비기맥 ······· 65, 70, 71, 72, 76
사두형 ··················· 57
살결 ··················· 45
삼각골 ··················· 17
삼초기맥 ················· 64
상부 ··············· 47, 59, 60

새끼손가락 ·················
　··· 52, 53, 63, 65, 72, 74, 75, 81
생명선 ············· 7, 21,
22, 25, 38, 41, 43, 54, 60, 77, 81,
82, 83, 84, 85, 86, 87, 88, 90, 92,
94, 96, 99, 101, 106, 107, 109, 111
생산업 ·················· 108
생식선 ··········· 109, 111, 112
선천성 ··················· 50
선천수명 ················· 112
성년기 ···················· 8
성적 매력 ·············· 48, 49
세밀안정형 ··············· 112
세심 노력형 ··············· 92
세장형 ·············· 59, 113
소뇌 ··················· 36
소양 ··················· 50
소음 ··················· 50
소음인 ··················· 26
소장기맥 ················· 64
소화기병 ·············· 11, 12
손금 ············· 6, 8, 15, 44
손목뼈 ··················· 81
손바닥 언덕 ··············· 83
손의 100세도 ·············· 78
손톱 ················· 23, 83
수경문 ·········· 109, 110, 111
수상 ·············· 6, 17, 77
수상술 ········· 6, 12, 13, 15, 16
수상학 ········· 11, 15, 16, 65
수성구 ········· 7, 102, 107, 109
수성 언덕 ··················
　··· 25, 30, 67, 72, 74, 93, 96, 99

수(水)형의 손 ……………………… 27, 29, 30, 91, 92, 101, 105, 109
숙명관 …………………… 50
식지 …………………… 60
신경 과민증 …………… 47
신경맥 …………………… 25
신경성 장질환 ………… 93, 94
신경성 질환 …………… 30
신경성 혈압 …………… 99
신기맥 …………………… 63, 76
신약 체질 ………… 25, 93, 108
신장 …………………… 43
신중형 ………………… 106
실력가형 ……………… 111
실무가의 손 …………… 20
실무이상가의 손 ……… 97
실무자의 손 …………… 107
실무활동가의 손 ……… 106
심기맥 ……… 64, 68, 71, 72, 73
심장 ……… 38, 55, 63, 73, 76
어변승학지형 ………… 110
엄지손가락 …………… 20, 21, 22, 23, 26, 29, 31, 33, 34, 41, 49, 52, 53, 56, 59, 60, 68, 83, 91, 94, 97, 101, 102, 105, 106, 112, 113
연령 …………………… 11, 12, 77
예술가의 손 …………… 35
예술이상가의 손 ……… 98, 99
외예선 ………………… 109
운명선 ………………… 7, 21, 25, 33, 38, 41, 76, 77, 82, 92, 94, 96, 102, 106, 109, 113
원만 정진형 …………… 34

월구 …………………… 7, 29, 41, 65, 83, 85, 86, 88, 91, 94
위 …………………… 55
위기맥 …………… 65, 72, 74
위비장 ………………… 68
위비장맥 ……………… 61
위장 …………… 46, 74, 101
유년기 ………………… 8
유두골 ………………… 17
유선형 ………………… 58, 101
유조골 ………………… 17
음맥 …………………… 50
음양 사상 오행 학설 ……… 114
이상가의 손 ………… 23, 95, 96
이상주의자 …………… 62
인수상 ………………… 13
일반인의 손 …………… 37
일상골 ………………… 18
임기맥 …………… 63, 70, 76
자궁병 ………………… 47
자녀선 ………………… 22, 96
자수성가의 손 ………… 110
작은 손 ………………… 44
잠휴기 ………………… 8
장수 …………………… 109, 111
장수형 ………………… 26
장원형 ………………… 111
장합선형 ……………… 85
재복 …………………… 109
정력 기능 ……………… 55
정치가 ………………… 68
제1영향선 …………… 7, 82
제1화성구 …………… 7

제1화성 언덕 …… 67, 73, 92, 98
제2감정선 …………………… 7
제2생명선 …………………… 7
제2영향선 ………………… 7, 82
제2운명선 ………………… 7, 82
제2화성구 …………………… 7
제2화성 언덕 ……… 67, 74, 75
주상골 ……………………… 18
중부 ………………… 49, 59, 60
중앙 평원 …………………
7, 43, 67, 76, 92, 95, 102, 105, 113
중정(中停) ……………… 110
중지 ……………… 33, 52, 53,
60, 62, 70, 90, 91, 93, 94, 106, 109
지문 … 8, 16, 109, 111, 112, 114
지선 ………………… 43, 90
지압 운동 ……………… 61
지정(地停) …………… 110
직합선형 ………………… 84
찰지수상 ………………… 112
철학가의 손 ……………… 31
충동적인 형 ………… 11, 12
컴퓨터 뇌파 ……………… 9
큰 손 …………………… 44
탄력성 ……………… 45, 68
태승형 ………………… 109
태양선 …… 33, 82, 95, 113
태양 언덕 …………………
26, 36, 67, 71, 92, 95, 102, 105
태음 ……………………… 50
토(土)형의 손 …… 35, 95, 99
토국토체 ……………… 112
토목(土木)형의 손 ……… 42

토성구 ………………… 7, 98
토성 언덕 …………… 67, 70
토성태양구 ……………… 112
토형금체형 ……………… 108
폐 …………………………… 55
폐기맥 ……………… 68, 71
폐장병 예지 ………… 11, 12
하부 ………………… 49, 59
하성구 ……… 26, 97, 101
학자 ……………………… 58
합선형 …………………… 83
합쌍선형 ………………… 90
혈색 ……………………… 45
혈액 불순환 …………… 47
혈액 순환 ……………… 45
혈액 순환로 …………… 55
호흡 기능 ……………… 55
화(火)형의 손 …………
…… 31, 33, 34, 41, 97, 102, 113
활동가의 손 ……………… 27
활동이상가의 손 … 101, 102, 105
황색의 손 ……………… 46
횡포한 형 …………… 11, 12
후두 ……………………… 55
후천성 …………………… 50

빛깔있는 책들 203-21

수 상 학

글	―조성우
사진	―조성우
발행인	―장세우
발행처	―주식회사 대원사
편집	―황병욱
총무	―김인태, 정문철, 김영원

초판 1쇄 ―1992년 1월 20일 발행
초판 8쇄 ―2009년 12월 15일 발행

주식회사 대원사
우편번호/140-901
서울 용산구 후암동 358-17
전화번호/(02) 757-6717~9
팩시밀리/(02) 775-8043
등록번호/제 3-191호
http://www.daewonsa.co.kr

🅦 값 13,000원

© Daewonsa Publishing Co., Ltd.
Printed in Korea(1992)

ISBN 89-369-0115-X 00150
ISBN 89-369-0000-5(세트)

빛깔있는 책들

민속(분류번호:101)

1 짚문화	2 유기	3 소반	4 민속놀이(개정판)	5 전통 매듭
6 전통 자수	7 복식	8 팔도 굿	9 제주 성읍 마을	10 조상 제례
11 한국의 배	12 한국의 춤	13 전통 부채	14 우리 옛 악기	15 솟대
16 전통 상례	17 농기구	18 옛 다리	19 장승과 벅수	106 옹기
111 풀문화	112 한국의 무속	120 탈춤	121 동신당	129 안동 하회 마을
140 풍수지리	149 탈	158 서낭당	159 전통 목가구	165 전통 문양
169 옛 안경과 안경집	187 종이 공예 문화	195 한국의 부엌	201 전통 옷감	209 한국의 화폐
210 한국의 풍어제	270 한국의 벽사부적			

고미술(분류번호:102)

20 한옥의 조형	21 꽃담	22 문방사우	23 고인쇄	24 수원 화성
25 한국의 정자	26 벼루	27 조선 기와	28 안압지	29 한국의 옛 조경
30 전각	31 분청사기	32 창덕궁	33 장석과 자물쇠	34 종묘와 사직
35 비원	36 옛책	37 고분	38 서양 고지도와 한국	39 단청
102 창경궁	103 한국의 누	104 조선 백자	107 한국의 궁궐	108 덕수궁
109 한국의 성곽	113 한국의 서원	116 토우	122 옛기와	125 고분 유물
136 석등	147 민화	152 북한산성	164 풍속화(하나)	167 궁중 유물(하나)
168 궁중 유물(둘)	176 전통 과학 건축	177 풍속화(둘)	198 옛 궁궐 그림	200 고려 청자
216 산신도	219 경복궁	222 서원 건축	225 한국의 암각화	226 우리 옛 도자기
227 옛 전돌	229 우리 옛 질그릇	232 소쇄원	235 한국의 향교	239 청동기 문화
243 한국의 황제	245 한국의 읍성	248 전통 장신구	250 전통 남자 장신구	

불교 문화(분류번호:103)

40 불상	41 사원 건축	42 범종	43 석불	44 옛절터
45 경주 남산(하나)	46 경주 남산(둘)	47 석탑	48 사리구	49 요사채
50 불화	51 괘불	52 신장상	53 보살상	54 사경
55 불교 목공예	56 부도	57 불화 그리기	58 고승 진영	59 미륵불
101 마애불	110 통도사	117 영산재	119 지옥도	123 산사의 하루
124 반가사유상	127 불국사	132 금동불	135 만다라	145 해인사
150 송광사	154 범어사	155 대흥사	156 법주사	157 운주사
171 부석사	178 철불	180 불교 의식구	220 전탑	221 마곡사
230 갑사와 동학사	236 선암사	237 금산사	240 수덕사	241 화엄사
244 다비와 사리	249 선운사	255 한국의 가사	272 청평사	

음식 일반(분류번호:201)

60 전통 음식	61 팔도 음식	62 떡과 과자	63 겨울 음식	64 봄가을 음식
65 여름 음식	66 명절 음식	166 궁중음식과 서울음식		207 통과 의례 음식
214 제주도 음식	215 김치	253 장醬	273 밑반찬	

건강 식품 (분류번호: 202)

105 민간 요법   181 전통 건강 음료

즐거운 생활 (분류번호: 203)

67 다도   68 서예   69 도예   70 동양란 가꾸기   71 분재
72 수석   73 칵테일   74 인테리어 디자인   75 낚시   76 봄가을 한복
77 겨울 한복   78 여름 한복   79 집 꾸미기   80 방과 부엌 꾸미기   81 거실 꾸미기
82 색지 공예   83 신비의 우주   84 실내 원예   85 오디오   114 관상학
115 수상학   134 애견 기르기   138 한국 춘란 가꾸기   139 사진 입문   172 현대 무용 감상법
179 오페라 감상법   192 연극 감상법   193 발레 감상법   205 쪽물들이기   211 뮤지컬 감상법
213 풍경 사진 입문   223 서양 고전음악 감상법   251 와인   254 전통주
269 커피

건강 생활 (분류번호: 204)

86 요가   87 볼링   88 골프   89 생활 체조   90 5분 체조
91 기공   92 태극권   133 단전 호흡   162 택견   199 태권도
247 씨름

한국의 자연 (분류번호: 301)

93 집에서 기르는 야생화   94 약이 되는 야생초   95 약용 식물   96 한국의 동굴
97 한국의 텃새   98 한국의 철새   99 한강   100 한국의 곤충   118 고산 식물
126 한국의 호수   128 민물고기   137 야생 동물   141 북한산   142 지리산
143 한라산   144 설악산   151 한국의 토종개   153 강화도   173 속리산
174 울릉도   175 소나무   182 독도   183 오대산   184 한국의 자생란
186 계룡산   188 쉽게 구할 수 있는 염료 식물   189 한국의 외래·귀화 식물
190 백두산   197 화석   202 월출산   203 해양 생물   206 한국의 버섯
208 한국의 약수   212 주왕산   217 홍도와 흑산도   218 한국의 갯벌   224 한국의 나비
233 동강   234 대나무   238 한국의 샘물   246 백두고원   256 거문도와 백도
257 거제도

미술 일반 (분류번호: 401)

130 한국화 감상법   131 서양화 감상법   146 문자도   148 추상화 감상법   160 중국화 감상법
161 행위 예술 감상법   163 민화 그리기   170 설치 미술 감상법   185 판화 감상법
191 근대 수묵 채색화 감상법   194 옛 그림 감상법   196 근대 유화 감상법   204 무대 미술 감상법
228 서예 감상법   231 일본화 감상법   242 사군자 감상법   271 조각 감상법

역사 (분류번호: 501)

252 신문   260 부여 장정마을   261 연기 솔올마을   262 태안 개미목마을   263 아산 외암마을
264 보령 원산도   265 당진 합덕마을   266 금산 불이마을   267 논산 병사마을   268 홍성 독배마을